続 社寺を参拝して、絵馬コレクション

東 禹彦

東京図書出版

は じ め に

『社寺を参拝して絵馬コレクション』を2014年11月に発刊しましたが、読者からの反響として一件だけ「続編の発行を望む」というたよりがありました。また。立石寺山寺の絵馬を紹介した際に、「お坊さんの行脚」と説明したことに対して、この絵柄は「松尾芭蕉と曾良（河合曾良）を描いているのではないか」というご指摘がありました。これが正解でしょう。また、『月刊住職』2015年6月号に「絵馬にも個人情報の保護が必要か」という記事があり、私の著書とともに身延山久遠寺の合わせ絵馬が紹介されています。最近では願い事を書いた上にシールを貼るということもあると紹介されています。『読売新聞』の2018年12月28日の記事にも絵馬を情報シールで守るという記事があります。目隠しシールを無料で配布している神社も紹介されています。神様や仏様は万能ですから、シールを貼って願い事と名前を隠しても判って、願いを聞き届けてくださるのでしょう。

　前著を贈呈した一人からは調べてみたがこのような絵馬の本はこれまで一冊もないという返事を頂いたものもありました。これは独創性（オリジナリティー）があるということを意味しています。私は医師で科学者の端くれですから、オリジナリティーということを重視しているものです。まあ少しは反響があったということになりますが、「本の歴史の中でもっともつまらない本」の一冊かもしれません。しかし、コレクションとは興味のない人にとってはそういうものなのではないでしょうか。引き続いてコレクションを続けていますので、前回同様に色々と分類しながら、社寺や絵馬にまつわる説明をすることに致します。前回は絵柄の意味が不明で掲載しなかった絵馬もあったのですが、絵柄の意味が分かったので掲載することにした絵馬もあります。なお、絵馬のお値段は最高が2500円、多くは500〜700円で、最低は小絵馬の300円でした。

　大神神社の三輪山の杉の葉で作った球体「酒林」は「杉玉」ともいいます。宮司さんにお尋ねして、吊るしてある場所が判りましたので、写真を3ページに供覧します。巨大な青（緑）色の「杉玉」でした。色が茶色に変わると日本酒が完成した頃ということです。

　ご笑覧頂ければ幸甚です。

　令和2（2020）年2月

　　　　　　　　　　　　　　　　　　　　　　　　　東　　禹彦

I

前著の「はじめに」

　神社、仏閣を訪れると多くの社寺では絵馬を置いています。絵馬についての詳しい研究は「ものと人間の文化史」の中の『12　絵馬』（著者岩井宏實　法政大学出版局1974年）に詳しく記されています。私は寺社を参拝すれば当然お賽銭を賽銭箱にいれて、お祈りをします。同時に絵馬を購入し、御朱印をいただくことにしています。絵馬は全て家に持ち帰り、壁面に飾っています。500枚以上が飾られています。なお、干支の絵馬も持ち帰っているのですが、これは飾っていません。

　絵馬は神社に奉納するのが趣旨ですから、私のように家に持ち帰るというのは邪道かもしれません。しかし、コレクションとしては持ち帰る以外に方法はありません。すべての絵馬を参拝記念絵馬として持ち帰っているのです。神様も仏様もきっと許してくれると考えています。

　狛犬にも興味があって写真に収めることにしています。狛犬に関しては近年多数の著書が発刊されています。筆名「ねずてつや」氏の『狛犬学事始』。同じ著者が本名の小寺慶昭として『京都狛犬巡り』他を出版しています。また、三遊亭円丈師匠が『The 狛犬！コレクション　参道狛犬大図鑑』を立風書房から1995年に発刊されています。一方、絵馬に関する著書は多くありません。西海賢二氏が『絵馬に見る民衆の祈りとかたち』（批評社　1999年）を出版され、岩井宏實氏が『絵馬に願いを』を平成19（2007）年に二玄社から出版されているぐらいです。そこで、三遊亭円丈師匠に倣って、絵馬のコレクションを本にまとめてみることにしました。もちろん研究的なものではなく、絵馬の形や描かれている図柄を中心に神社仏閣にまつわる話を色々と記すことにします。もちろん、全国の寺社を全て参拝しているわけではありませんので、ご覧になって大事な神社の絵馬が記されていないと立腹される方もいらっしゃると思いますが、ご容赦のほど宜しくお願い致します。例えば奈良県桜井市にある大神神社（みわじんじゃ）は日本最古の神社ともされる由緒のある大事な神社（大和國一の宮）で、拝殿はありますが神殿はありません。三輪山をご神体としているため、古い神社の形式を今に伝えるものです。

　大神神社は酒神でもあります。酒祭りは11月14日に行われます。ご神体の三輪山の杉の葉で作った球体「酒林」（さかばやし）（「杉玉」（すぎたま）ともいいます）は蔵元の軒先に飾られていることがありますが（前著図1-18参照）、この神社の軒先にも飾られています。しかし、干支の絵馬しか授与されなかったので、絵馬は割愛したという事情があります。独断と偏見で、描かれている図柄や形に特徴がある絵馬を取り上げています。近畿地

方以外の絵馬の多くは学会や講演で訪れた際に神社、仏閣を参拝し授与されたものです。もちろん、家族旅行で神社、仏閣を訪れた際に、授与されたものも多いのですが、中にはわざわざ出かけて入手したものもあります。

　なお、絵馬の掲載に当たっては版権、著作権の問題もあり、念のためにこの本に掲載するに当たって、各社寺の掲載許可を求めました。多くの社寺では快く掲載の許可を与えていただきました。その上、一部の社寺では文章の誤りをご指摘いただき大変有り難く、感謝しています。掲載している絵馬の中には古い絵馬も多く、現在は授与されていないものもあります。社寺の中には、現在授与されている絵馬を送ってくださったところもあり、一部はお送り頂いた絵馬を掲載させて頂きました。

　一部の社寺からは残念なことに掲載を拒否されました。（以下略）

　ご笑覧いただければ幸いです。

平成26年11月

大神神社の巨大な青（緑）色の「杉玉」

目　次

1 絵馬の材質

　絵馬といえば通常木製です。加工もし易く、様々な形態の絵馬があるのは前著でお示しした通りです。ところが、石絵馬があります。阪神間には御影という地名があります。御影石というのは花崗岩の一種で、御影村（現在の神戸市東灘区）で産出された花崗岩の呼び名です。阪神間には阪急電車、JR、阪神電車と3本の線路が平行に走っていて、一番山手が阪急電車、少し下をJR、ついで更に海岸よりを阪神電車が走っています。阪急電車の御影駅で下車し、少し下って行くと弓弦羽神社があります。この神社に御影石で出来た絵馬（石絵馬）があったのです（図1-1）。昔の教え子の一人に前著を贈呈したところ、贈っていただいたのです。早速、弓弦羽神社を阪急御影駅で降りて訪れました。社務所で尋ねたところ現在石絵馬はないということでした。木製の絵馬はあり、購入しました。しかし、思わぬ発見がありました。フィギュアスケートの羽生結弦選手が絵馬を奉納していました。名前に弦の字が入っているので験を担いだのでしょう。帰りは坂を下ってJRの住吉駅から神戸に向かいました。

図1-1　弓弦羽神社の石絵馬

石に願い事を書いて奉納する寺院もあります。福島県の飯坂温泉を20年ほど前に訪れたときに、すぐ傍にある医王寺（福島市飯坂町平野）では願い事を石に書いて奉納するのでした（図1-2）。近くのお店で孔を開けた（穿孔した）石が置かれているのでした。それに紐を通してお寺の薬師堂の外陣の手摺りに吊るしていました。医王寺は空海が開山したとされています。奥州藤原氏の姻族佐藤氏の墓があり、弁慶の笈や義経の兜などが宝物殿にあります。芭蕉も奥の細道の旅の途中で訪れて「笈も太刀も五月に飾れ紙幟」という句を読んでいます。

図1-2　福島県医王寺では石に願い事を書いて吊るしていました

2 絵馬の形

　絵馬の形には一般的な家形のもの以外に、円形、正五角形、その他があることを前著で示しましたが、その後に集めた変わった形のものを示します。小田原にある大稲荷神社には七角形の絵馬がありました。せっかく訪れたのですが、宮司さんが不在で、御朱印も戴けず、絵馬も手に入りません。残念至極となりました。御朱印を戴きに参拝に訪れた女性もいましたが、宮司さんの帰りを待っていました。15時に宮司さんが不在とは。絵馬掛けに吊るされていた絵馬の写真を掲載することにします（図2-1）。

図2-1　小田原駅の近くにある大稲荷神社の絵馬は七角形です

　変形の絵馬は他にも幾つかあります。鎌倉の鶴岡八幡宮には銀杏の葉を象ったものがあります。御神木樹齢千年の「大銀杏」が平成22年3月強風の為に倒伏し、現在は残った根から若芽がすくすく生長しているということで「大イチョウ絵馬」が作られたということです。イチョウの葉の形で、倒れたイチョウの樹の根元の現状を描き、願という字を加えています（図2-2）。なお、鶴岡八幡宮は源頼朝により創建され、相模一宮ともされています。

図2-2　鶴岡八幡宮のイチョウの葉を象った絵馬

　　浅草の被官稲荷神社には扇形のような形に黄色を地の色として狐を象った絵馬があります（図2-3）。また、恋の水神社（愛知県知多郡美浜町大字奥田）の絵馬は熊の顔を象ったものです。裏面にはローマ字でRILAKKUMAと書かれていましたので、キャラクターのリラックマの顔ということになります（図2-4）。

　　御津八幡宮は大阪市中央区にある神社です。すぐ横は若者の街アメリカ村で、近くには日航ホテルもあります。この神社には犬を象ったものかと思われる絵馬で、目や鼻、口は自由にお書き下さいというのがあります（図2-5）。裏面を見るとペットのための絵馬です。ペットの名前、飼い主の名前、願い事を書くようになっています。ペットが猫のときにはどうするのでしょう。

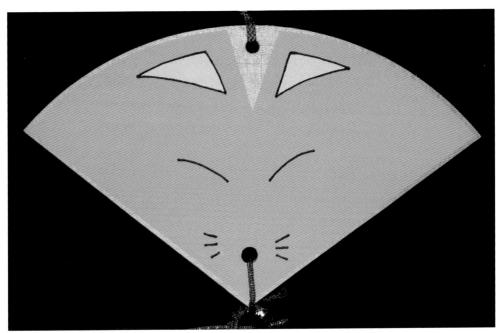

図2-3　浅草被官稲荷神社の絵馬

図2-4　知多半島にある恋の水神社の熊（リラックマ）を象った絵馬

図2-5 御津八幡宮の犬の顔を象った絵馬の裏表

　大津神社という名前を聞けば滋賀県大津市にあるのかと思いますが、大阪府の羽曳野市に大津神社はあります。素戔嗚命、奇稲田姫、天日鷲命を祭神とする神社で「延喜式」(927年)に記載されている由緒ある神社です。その神社の絵馬の一つに「打出の小槌」を象った絵馬があります。絵柄は宝船ですが、神社名の記載がありません。宮司さんにお願いして裏面に神社の名前のゴム印を押して頂きました。同じ絵馬はあちらこちらの神社に置かれているかもしれません。

図2-6　大津神社で入手した打出の小槌型の絵馬

　四国第83番札所の一宮寺には字を取り外せるように細工した絵馬がありました。早速授与して頂き、緑色の「病」の字を取り外しました。お寺に残して帰るのだそうです。変わった趣向に感心しました（図2-7）。なお。「厄」と言う字の絵馬もありました。もちろん取り外して、お寺に残してきました。

　出雲大神宮は丹波一宮で出雲神社のことです。京都府亀岡市にあります。この神社

の絵馬の一つにハート型の部分をはずせるようになったものがありました（図2-8）。ハートの部分に孔が開いていて、紐を通せるようになっています。

図2-7　香川県にある四国第83番札所一宮寺の病門除祈願絵馬は病の字を打ち抜くようになっている。この図は「病」の字を取り除いた状態

図2-8　出雲大神宮（丹波一宮）の絵馬。ハートの部分をはずせる

　御津八幡宮の絵馬はハート型に「縁」と書いてあります（図2-9）。裏には御津八幡宮と書かれています。ところが、ほとんど同じ絵馬が恋の水神社（知多半島）にあります。ちがいは「縁」の字の色が異なることと神社名が表に記されている（図2-10）だけで、背景の絵柄はほとんど同じです。

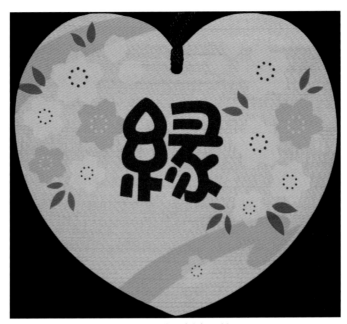

図2-9　御津八幡宮の絵馬

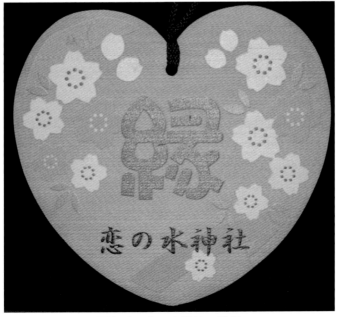

図2-10　恋の水神社の絵馬

阪急梅田駅から宝塚線の各駅停車に乗車し、12分くらいで服部天神駅に到着します。駅から３分くらい歩くと服部天神宮の正門に到着します。菅原道真が太宰府に向かう途中、この辺りで持病の脚気に悩まされ、足がむくんで一歩も歩けなくなりました。村人に勧められ、医薬の始祖「少彦名命」を祀る服部の路傍の少祠に詣で、一心にその平癒を祈願されたところ、痛みや、むくみが治り、健康を取り戻して無事太宰府に着いたと伝えられています。「菅公」没後当社に菅公の霊を合祀し、「服部天神宮」として堂宇を建立し、「菅公、脚気平癒の霊験」が広まり、「足の神様」として有名になったと御由緒に記されています。最近ではフィギュアスケートの羽生結弦選手が右足の負傷で滑れなくなったときに、多くのファンが服部天神宮に詣でて、祈願の絵馬を奉納したということです。絵馬は草履の形をしています（図2-11）。羽生結弦選手は2018年２月の平昌オリンピックでめでたく金メダル獲得となりました。

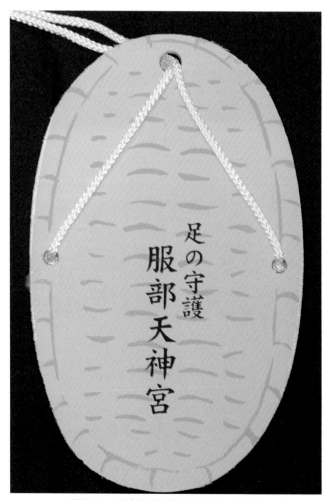

図2-11　服部天神宮の草履型の絵馬

　愛知県豊田市足助に足助八幡宮があります。ここの絵馬の形は足形になっています。『鶴瓶の家族に乾杯』というNHKの番組の中で見ました。早速、訪れることにしました。名鉄の東岡崎駅で降りて、バスが出発した後だったので、タクシーで行きました。岡崎市内を出ると山の中を走るのでした。松平郷（家康生誕の地）を通り過ぎても豊田市の足助には道半ばでした。足助八幡宮には足の形をした小さな絵馬がありました（図2-12）。

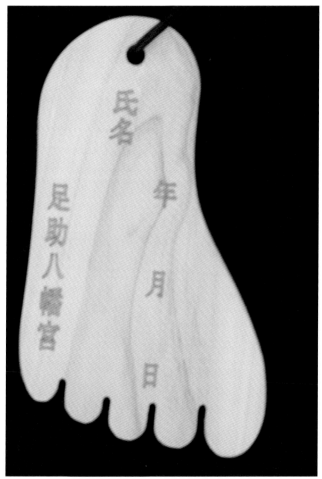

図2-12　足助八幡宮の足の形をした絵馬。思ったよりも小さな絵馬でした

　京都市の新京極は寺町ですから多くの寺院が並んでいます。蛸薬師の近くの誓願寺には絵馬がない代わりに、扇子があり扇子に願い事を書いて、その扇子を金具に掛けるようになっているのでした（図2-13、図2-14）。扇子は2種類あり、安楽庵策伝上人の像を描いたものとタツノオトシゴを描いたものがあります。

図2-13　誓願寺の扇子。この他にもう一種類扇子があります

図2-14　誓願寺では扇子を掛けている

縦長の八角形の絵馬も珍しいものです。郡山市の安積国造神社(あさかくにつこじんじゃ)にありました。

図2-15　安積国造神社の天神社の絵馬

相生の松で有名な高砂神社は兵庫県高砂市にあります。JR加古川駅で降りて、高砂神社を訪れました。絵馬の一つに松の葉をイメージしたものがありました（図2-16）。この絵馬を吊るす絵馬掛けもあります（図2-17）。「高砂やこの浦舟に帆を上げて———」と結婚式でよく謡われる舞台の神社です。

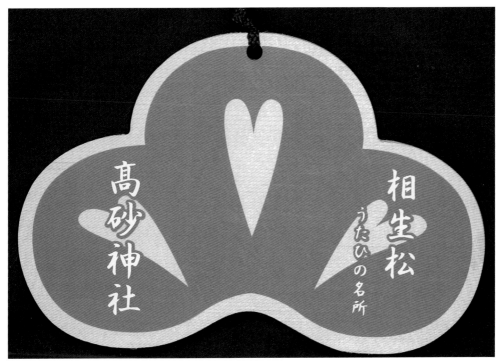

図2-16　兵庫県高砂市にある高砂神社の絵馬

図2-17　高砂神社の絵馬掛けに吊るされた絵馬

図2-18　高砂神社の相生の松（尾上の松）

　石山寺を久しぶりに訪れたところ厄除祈願絵馬があり、厄の字は赤で記され、打ち抜いて「厄」を置いて帰るようになっていました（図2-19）。もちろん打ち抜いて置いてきました。

図2-19　石山寺の絵馬。厄の字は赤色で、取り外して寺に置いてきました

　大阪市中央区玉造にある玉造稲荷神社は垂仁天皇18年（紀元前12年）の創建とされています。本当かなという伝承です。聖徳太子が玉造稲荷神社に戦勝祈願をされたという話もあり、とにかく古くからある神社であることは間違いないようです。場所は上町台地にあり、大阪城築城の際には城内になり、大阪城の鎮守神として祀られたということです。境内には秀頼と淀殿を結ぶ胞衣（卵膜、胎盤など）を祀る胞衣塚大明神社もあります。ご祭神は主神「宇迦之御魂大神」で、相殿に下照姫命、稚日女命、月読命、軻遇突智命となっています。境内には厳島神社もあります。絵馬は変わった形で、オスとメスの二匹の狐が頬を寄せ合っている微笑ましいものですが、その身体の部分がハート型に離れているのが珍しいものです（図2-20）。もう一種あり、それは弁財天を描いたもので、他の部分でお示しします。

　JR大阪環状線の福島駅を降りて、浪速筋を南へ少し歩いて行くと福島天満宮があります。御祭神は菅原道真公、相殿神は大国主命、事代主命（恵美須様）他です。福

図2-20　玉造稲荷神社の絵馬。極めて独創的です

島の名前は道真により賜ったものということです。絵馬には当地で詠まれた句が記されています。

図2-21　福島天満宮の絵馬は梅の花を象っています

　淡路一宮は伊弉諾神宮で兵庫県淡路市多賀にあります。梅田から津名港バスターミナルまで高速バスで行き、タクシーで神宮へと向かいました。淡路島は現在兵庫県に属していますが、昔は阿波に属していたとのことで、『全国一の宮めぐり』の本では四国の一宮となっており、『一宮ノオト』では近畿に分類されています。伊弉諾尊は国造り神話で日本の国土を作り、淡路島の幽宮に鎮まったとされ、これが起源とされています。『古事記』には、イザナギ尊が黄泉の国にイザナミ尊を訪ねる話があります。しかし、私の身体を見ないで下さいというイザナミ尊の醜い姿を見て、イザナギ尊は逃げ帰ります。イザナミ尊は怒って黄泉醜女を追わせますが、イザナギ尊は何とか逃れます。イザナミ尊の身体から出た八柱の雷神と黄泉の国の1500人の軍隊に追われます。イザナギ尊は十拳剣を振り振りこの世と死者の境にある黄泉比良坂までたどり着くことが出来ました。その時、黄泉比良坂に成っていた桃の実を三つ追っ手に打ち付けたところ、追っ手は黄泉の国に逃げ帰りました。絵馬にはイザナギ尊を助けた桃を象った神桃絵馬があります（図2-22）。

図2-22　伊弉諾神宮の絵馬

浅草鷲神社（おとりさま）は台東区千束3丁目にあります。タクシーに乗って、浅草鷲神社と行き先を告げたのですが通じず、「酉の市で有名な」と言うと通じました。御祭神は天日鷲命と日本武尊です。天照大神が天岩戸にお隠れになり、天宇受売命が岩戸の前で舞われた時、弦という楽器を司った神様が居られました。天の岩戸をお開きになったとき、その弦の先に鷲がとまったので、神様たちは世を明るくする現象を現した鳥だとお喜びになり、以後この神様は鷲の一字を入れて天日鷲命と称されるようになりました。天日鷲命は、諸国の土地を開き、開運、商売繁盛に御神徳の高い神様としてこの地にお祀りされました。後に、日本武尊が東夷征討の際、社に立ち寄られ戦勝を祈願し、志を遂げての帰途、社前の松に武具の「熊手」を掛けて勝ち戦を祝い、お礼参りをされました。その日が11月の「酉の日」であったので、この日を鷲神社例祭日と定めたのが酉の祭「酉の市」です。鷲神社の熊手御守は開運・商売繁盛の御守りとして酉の市で授与されます。一般に「かっこめ」「はっこめ」といわれ神様の御分霊です。横長の絵馬は多いのですが、ここは縦長で上に屋根がついています。絵馬には熊手御守を描いています（図2-23）。

図2-23　浅草鷲神社の絵馬

　京都嵐山にトロッコ列車の乗り場がありますが、そのすぐ近くにあるのが御髪神社です。日本で唯一の「髪」の神社です。藤原采女亮政之公は宝刀『九王丸』の探索にあたりましたが、その間生活のために髪結いをしました。これが「髪結い職」の始まりとされているそうです。政之公を祭神として小倉山山麓に建立されたということです。髪塚もあります。小さな神社ですが、絵馬は櫛の形を模したものです（図2-24）。

図2-24　御髪神社の絵馬。櫛の形をしています

　下鴨神社の摂社に河合神社があります。御祭神は神武天皇の母、玉依姫命を祀っています。玉依姫命は玉のように美しい事から美麗の神としての信仰も深いといいます。この美麗の祈願絵馬として鏡絵馬があります。手鏡の形をしています。一面には顔が描かれ、反対側には赤地に賀茂葵が描かれています（図2-25）。絵馬を記入するための建物もあります。絵馬は持ち手の部分を差し込む絵馬掛けが用意されています（図2-26）。この神社の境内には鴨長明が晩年過ごした庵が再現されています。鴨長明は河合神社の禰宜の息子だったそうです。

　ラグビー・ボールの形をした絵馬もありました（図2-27）。その理由は下鴨神社の摂社のひとつである澤田社の御祭神は神魂命で、その御神名から、魂は玉に通じるとして球技上達の御神徳があるとされているからです。明治43（1910）年「さわた社」前の糺の森馬場にて、関西で初めてラグビーが行われました。旧制第三高等学校の学生が慶應義塾の学生にラグビーを習い、初めてラグビー・ボールが蹴られたのです。京都大学ラグビー部のOBたちによって「第一蹴の地」の石碑が昭和44（1969）年に建立されました。

図2-25　手鏡型の絵馬で表と裏を示します。顔は好みで色々と書くようです。赤地に賀茂葵
　　　　が描かれています

図2-26　絵馬掛けにある絵馬。思い思いの顔が描かれています

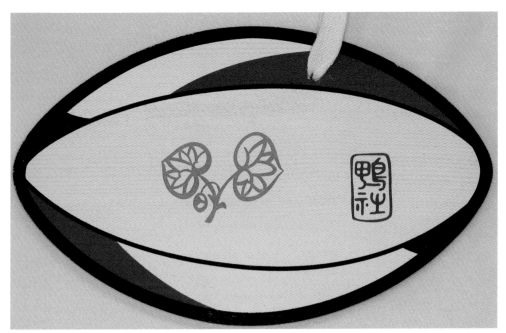

図2-27　ラグビー・ボール型の絵馬

　御金神社は京都市中京区押西洞院町にあります。小さな神社ですが、鳥居が金色になっているのが目立ちます（下図）。御祭神は金山毘古神＝金山彦命、天照大神、月読神です。金山毘古神は鉱山の神、刀や鏡、鋤、農機具、金銀銅などを護る神とされています。タクシーの運転手さんの話では、近年参拝者が増加したということなので、名前にあやかろうという人が多いのかもしれません。絵馬はイチョウの葉の形をしています（図2-28）。

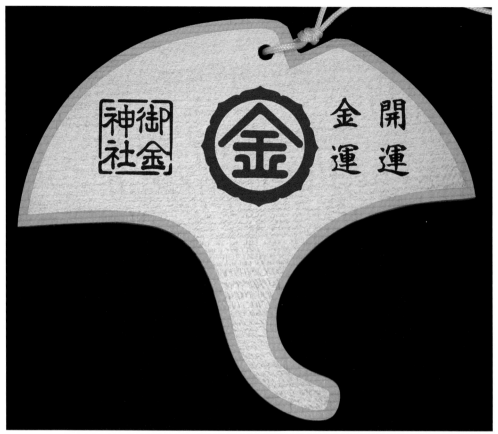

図2-28　御金神社の絵馬はイチョウの葉の形です

　鳥取県の境港からは隠岐とを結ぶ航路があり、また韓国やロシア（ウラジオストク港）を結ぶ航路もあるのでした。JR 境線を走るのは鬼太郎列車で、米子空港は米子鬼太郎空港と名付けられています。

　JR 境港駅（境港市）を降りると駅前からは水木しげるロードがあります。歩道には妖怪の小さな像がところどころに設置されています。土産物店も多くあり「むじゃら」と「妖怪ショップゲゲゲ」の間に挟まれて「妖怪神社」があります。宮司さんはいないようですが、その神社の絵馬を神社の隣にある「むじゃら」というお店で売っているのです。恋愛成就と書かれた「一反木綿」の絵馬（図2-29）と「楽寿限無」と書かれた「目玉おやじ」の絵馬（図2-30）を示します。お店の名前では「妖怪がまぐち」、「ぬりかべ商店」、「もののけ本舗」、「鬼太郎茶屋」などがありました。

　桃太郎と言えば備中一宮吉備津神社が有名で、岡山では「きびだんご」がお土産となっています。愛知県犬山市には「桃太郎神社」があり、木曽川の沿岸に桃太郎生誕

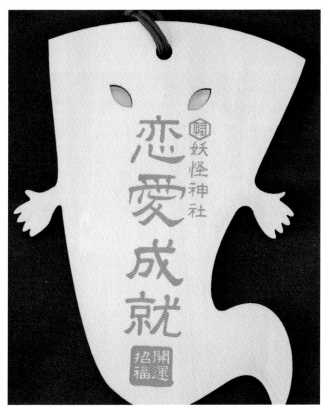

図2-29 妖怪神社の絵馬の一つで「一反木綿」

図2-30 妖怪神社の絵馬の一つ「目玉おやじ」

の地があるとされています。御祭神は大神実命<ruby>大神実命<rt>おおかむづみのみこと</rt></ruby>で子供の守り神ということです。絵馬は桃の形で桃太郎が桃から生まれるところを描いています（図2-31）。

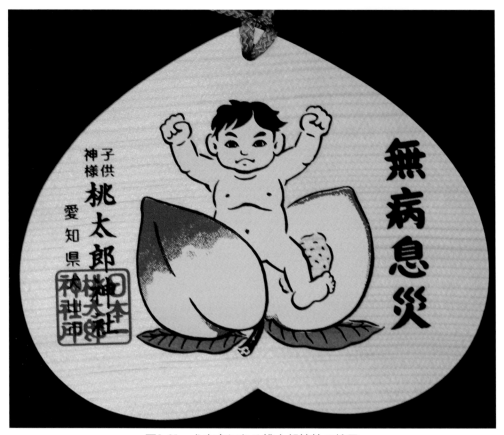

図2-31　犬山市にある桃太郎神社の絵馬

　久しぶりに奈良市の春日大社を訪れてみたところ、絵馬が以前と変わっていました。
　鹿の顔を象ったもので、雄の鹿（図2-32）と雌の鹿（図2-33）がありました。絵馬掛けに吊るされているのは圧倒的に雄の顔でした。表側？には鼻と口が書かれていました。参拝者の大半は外国人のようでした。

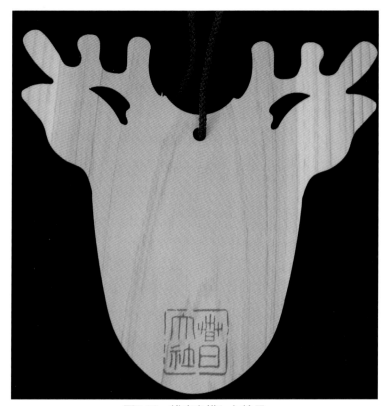

図2-32　雄鹿を模した絵馬

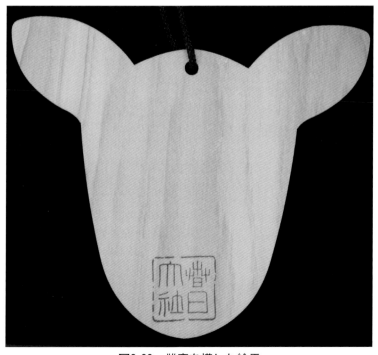

図2-33　雌鹿を模した絵馬

3 馬を絵柄とした絵馬

絵馬は元々生きた馬の代わりに絵に描いた馬を奉納することから始まったため、馬を絵柄とするものは当然多いのです。前著では新潟白山神社、飛騨一宮水無神社と金刀比羅宮の駒迎え図を掲載しました。今回はそれ以外の幾つかを取り上げることにします。馬を描いた絵馬は神社にはあるのですが、当然のことながら午歳（うまどし）以外には寺院の絵馬にはあまりありません。ほとんどが白馬を描いています。馬には様々な飾り付けがされています。神馬と書かれているのもあります。

非常に珍しいのは騎手が乗っている馬を描いたもので、京都の藤森神社の絵馬です（図3-1）。この神社は京都府にある淀の競馬場に近く、競馬の神様ともされているための絵柄でしょう。

図3-1　藤森神社の勝馬祈願の絵馬

讃岐一宮は田村神社です。琴電の一宮駅をおりて徒歩15分ぐらいで到着します。境内は広く本殿の他に宇都伎社（うつきしゃ）（衣食住の神様）、素婆倶羅社（そばくら）（安産・病気平癒の神様）の大きな社殿があります。その他、七福神もあります。絵馬には白馬が描かれています（図3-2）。隣には一宮寺があります。四国第83番札所です。

図3-2　讃岐一宮、田村神社の祈願絵馬

　鎌倉の鶴岡八幡宮にも白馬を描いた絵馬があります（図3-3）。

図3-3　鶴岡八幡宮の絵馬

　阿波一宮大麻比古神社は四国霊場88カ所第1番の霊山寺のすぐ近くにあります。
祭神は大麻比古大神と猿田彦大神です。社殿の後ろに聳える大麻山（538m）には奥
宮があります。

阿波一宮大麻比古神社にも白馬を描いた絵馬（図3-4）があります。

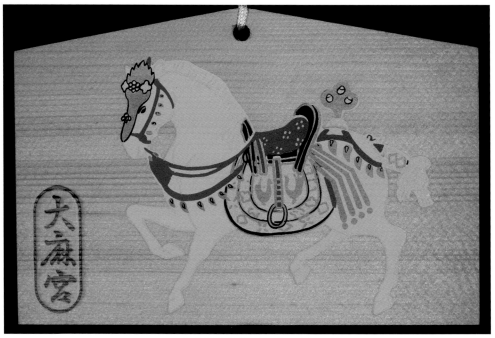

図3-4　大麻比古神社（阿波一宮）の絵馬

　奈良県天理市の山辺の道沿いに石上神宮があります。日本最古の神社の一つで、物部氏の総氏神とされていました。主祭神は布都御魂大神で神体の布都御魂剣に宿る神霊とされています。本来は、本殿は存在せず、拝殿の奥の聖地（禁足地）を「布留高庭」と称して祀り、そこに神宝が埋葬されていると伝えられていました。明治7（1874）年大宮司菅政友による発掘で、出土した刀（布都御魂剣）や曲玉などの神宝を奉斎するため本殿を建造し、1913年に完成しました。禁足地は今も「布留社」と刻まれた剣先状石瑞垣で囲まれて存在します。なお、拝殿は国宝に、楼門は重要文化財に指定されています。境内には東天紅・烏骨鶏など約30羽が放し飼いにされています。

　絵馬には白馬を描いています（図3-5）。

　広島市の比治山神社の絵馬は白馬を描いています（図3-6）。同じ広島県福山市にある福山八幡宮も白馬を描いています（図3-7）。この二枚を比べると全く同じ絵柄の白馬で神社名だけが異なっています。

図3-5　石上神宮の絵馬

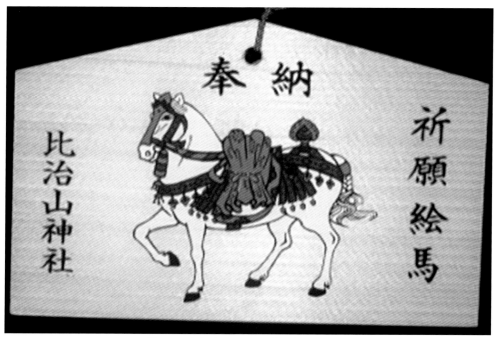

図3-6　広島市にある比治山神社の絵馬

図3-7　福山八幡宮の絵馬

　富士浅間神社（図3-8）も白馬の絵馬です。須走口登山道の守護神です。東口本宮とも呼ばれています。

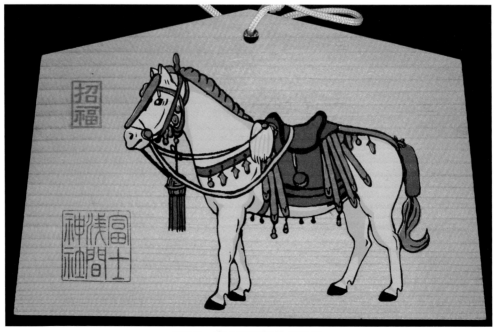

図3-8　富士浅間神社の絵馬

下総一宮の香取神宮も白馬の絵馬で神馬と書かれています（図3-9）。

図3-9　香取神宮（下総一宮）の絵馬

丹波一宮は京都府亀岡市にある出雲大神宮です。元出雲と称しています。絵馬には白馬を描いたものがあります（図3-10）。

図3-10　出雲大神宮の絵馬

越後一宮の彌彦神社にも白馬を描いた絵馬があります（図3-11）。

図3-11　彌彦神社（越後一宮）の絵馬は白馬を描く

箱根神社の絵馬には参道の前を白馬が歩む絵柄があります（図3-12）。

図3-12　箱根神社の絵馬

　新潟白山神社には馬を描いた絵馬がいくつかありますが、本殿の前に白馬のいる絵柄もあります（図3-13）。

図3-13　新潟白山神社の絵馬２種

鎌倉の荏柄天神社の絵馬は白馬を描いていますが、梅の花が同時に描かれているのは天神社らしいと思います（図3-14）。

図3-14　荏柄天神社の絵馬

浅間神社北口下社は富士吉田市にある北口本宮富士浅間神社の下社です。

図3-15　浅間神社北口下社の絵馬

　富士御室浅間神社は河口湖の湖畔にあります。白馬が疾走する絵柄となっています（図3-16）。

図3-16　富士御室浅間神社の絵馬

　奈良の春日大社にも馬を描いた絵馬があります（図3-17）。

図3-17　春日大社の絵馬（古いもの）

大崎八幡宮は仙台市青葉区にあります。応神天皇、仲哀天皇、神功皇后を祭神としています。社殿は伊達政宗公により造営されたもので、国宝建造物に指定されています。大崎八幡宮の絵馬は白馬に騎乗した人物が矢を射ている図となっています。流鏑馬を描いたものでしょうか（図3-18）。

　仙台東照宮は仙台市青葉区にあります。伊達忠宗により建立され1654年に完成しました。主祭神は東照大権現（徳川家康）です。伊達藩は外様大名ですから東照宮を創建したのかもしれません。徳川幕府に恭順の意を示すには良い建造物です。仙台東照宮の絵馬は白馬を描いています（図3-19）。

図3-18　大崎八幡宮の絵馬

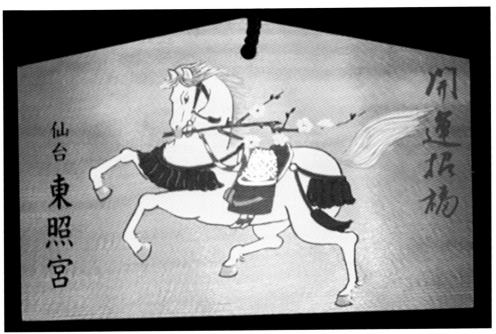

図3-19　仙台東照宮の絵馬

　日光東照宮にも白馬を描いた絵馬があります（図3-20）。東照宮は徳川家康を祀る神社です。最初に造られたのは久能山東照宮で、静岡市にあります。

　二番目に造られたのが日光東照宮です。その後、仙台を始め多くの地区に造られています。

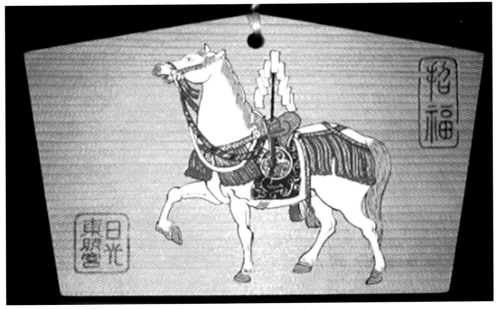

図3-20　日光東照宮の絵馬

大分県にある宇佐八幡宮にも白馬を描いた絵馬があります（図3-21）。

図3-21　宇佐八幡宮の絵馬、八幡宮総本社と記されている

　お寺でも午年（うまどし）には馬の絵馬を置いています。西国5番札所葛井寺（ふじいでら）は藤井寺市にあります、絵馬は白馬を描いています（図3-22）。

図3-22　葛井寺の絵馬

清水寺も各地にありますが、出雲清水寺の絵馬を示します（図3-23）。

図3-23　出雲清水寺の絵馬

　熊本市西郊にある肥後本妙寺の絵馬は普通の栗毛の馬を描いています（図3-24）。本妙寺は日蓮宗のお寺で加藤清正公の父上の菩提寺で、清正公の墓所もあります。確か銅像もあったように記憶しています。お寺の絵馬でいつも馬を描いているのは珍しいものです。

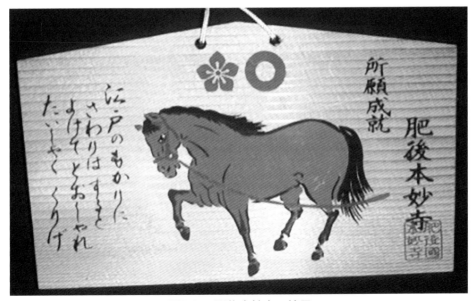

図3-24　肥後本妙寺の絵馬

熊本市にある藤崎宮にも栗毛の馬を描いた絵馬があります（図3-25）。

図3-25　熊本市にある藤崎宮の絵馬

九十九里浜の近くで、JR 外房線の上総一宮駅から7分くらいで上総一宮の玉前神<ruby>玉前<rt>たまさき</rt></ruby>神社に着きます。玉前神社は黒い馬を描いています（図3-26）。

図3-26　上総一宮の<ruby>玉前<rt>たまさき</rt></ruby>神社の絵馬

　浅間山の噴火で出た溶岩が固まっているのが見られるのが「鬼押出し」で、そこに浅間山観音堂があります。絵馬は黒い馬を描いていますが、尻尾が白いのは変わっています（図3-27）。

図3-27　鬼押出し浅間山観音堂の絵馬

　飛騨高山（岐阜県高山市）に山櫻神社はあります。山櫻神社は「馬頭さん」と呼ばれています。主祭神は山櫻（馬）と馬頭観音です。明暦3（1657）年の明暦の大火で、高山藩の江戸屋敷が火に包まれたときに藩主の金森頼直を山櫻（馬）が救ったと伝えられています。その功績により山櫻は高山に厩舎をあてがわれ、山櫻の死後に厩舎の跡地に山櫻神社が建立されました。毎年8月1〜15日に「馬頭の絵馬市」が開かれています。神社の絵馬には多分山櫻を描いています（図3-28）。

　大阪市天王寺区にある堀越神社は第32代崇峻天皇を御祭神としています。JR天王寺駅から歩いて5分ぐらいのところ、茶臼山のはずれにあります。近くにある四天王寺建立と同時に聖徳太子により創建されたと伝えられています。熊野詣では淀川の天満港に「熊野第一王子之宮」がありましたが、大正4年に堀越神社に合祀されて、現在は堀越神社が「熊野第一王子之宮」となっています。絵馬には一風変わった馬の絵が描かれています（図3-29）。

　鹽竈神社はJR仙石線本塩竈駅から東参道入り口まで7分くらいです。境内は広

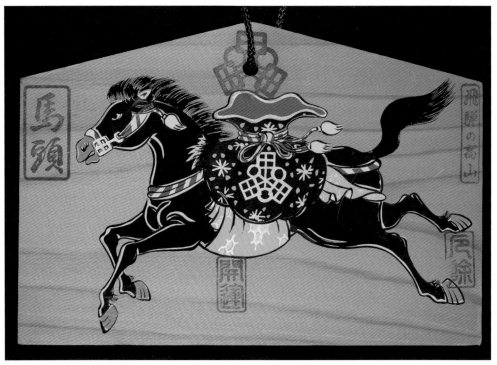

図3-28　山櫻神社の絵馬

図3-29　大阪市天王寺区にある堀越神社の絵馬

く、志波彦神社も同居しています。元々の陸奥一宮は都都古別神社で福島県白川郡にあり、JR 水郡線近津駅から10分くらいの距離にありますが、鹽竈神社も陸奥一宮と称しています。入り口にも陸奥一宮と記されています。絵馬には線書きの馬と鳥居が描かれています（図3-30）。

　鎌倉の長谷観音にも線書きの馬が描かれている絵馬があります（図3-31）。長谷観音はお寺ですから馬を描いた絵馬を置いているのは珍しいと思います。岐阜県下呂にある温泉禅寺の絵馬も医王佛の焼き印と線書きの馬を描いた絵馬です（図3-32）。この三枚はよく似ていますが、顔立ちや、尻尾、前脚の形が少しずつ異なっています。

図3-30　塩竈神社　志波彦神社の絵馬

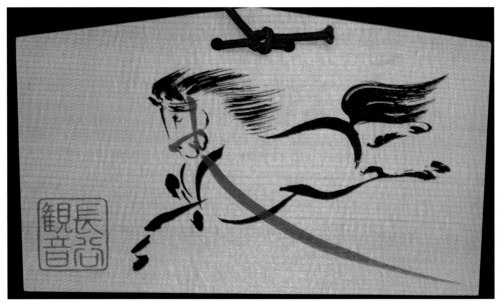

図3-31　鎌倉長谷観音の絵馬

図3-32　下呂にある温泉禅寺の絵馬

　豊田市足助の足助八幡宮の絵馬は白馬を描いていました。人も馬具もない白馬でした（図3-33）。

図3-33　豊田市足助八幡宮の絵馬（裸馬）

　大阪市住吉区に若松宮はあります。主祭神は素戔嗚尊と稲田姫尊です。止止呂支比売命神社が正式名称です。創建年代は不明ですが、延喜式には記載のある神社で、トドロキとは当時の境内にあった橋の名前ということです。承久3（1221）年後鳥羽天皇が、境内に行宮を建てて以降、若松宮あるいは若松神社と言われています。絵馬には白馬が描かれています（図3-34）。

図3-34　若松宮の絵馬

丹生川上神社には上社、中社と下社があります。創建は白鳳４年（今から1350年ほど前）で、天武天皇により創建されています。天河弁財天神社にお参りした帰りに、下社に立ち寄り参拝しました。祈雨に黒馬、祈晴に白馬を幣帛を添えて献ずることが恒例となっています。御祭神は闇龗神（くらおかみのかみ）です。境内には白馬が、厩舎には黒馬がいました。絵馬は二枚とも馬を描いたもので、一つは橿原考古学研究所蔵の日本最古の絵馬の複製です（図3-35）。

図3-35　丹生川上神社下社の絵馬は日本最古の絵馬の複製です

　もう一つは白馬を描いたものでした（図3-36）。

図3-36　丹生川上神社下社の絵馬は白馬を描いたものです

コラム1　一宮について

　一宮とは何かというのは齋藤盛之『一宮ノオト』（思文閣出版、2002）に詳しく記されているのでそれを引用します。

「一宮は平安後期以来、国毎のランキングで、ナンバーワンとされた神社である。国ごとの、というが、国はいくつか。つまり、一宮はいくつあるのか。ランキングというが、誰が、いつ、どうやって、なんのために、決めたのか。判っていないことがかなりある。国の数も変動しているが、一応68となっている。」平安時代後期の話なので、当然北海道と沖縄は入らないことになります。

　しかし、「全国一の宮会」編公式ガイドブック『全国一の宮めぐり』（平成20年）では北海道神宮（札幌市中央区）と波上宮（沖縄県那覇市）が加えられています。一国に一社ということになっているのですが、現在では2〜3社あるところもあります。例えば、越中一宮は気多神社、高瀬神社と射水神社の三社があります。摂津一宮といえば住吉大社ですが、坐摩神社も摂津一宮とされています。この神社は大阪市中央区久太郎町4丁目渡辺にあり、全国の渡辺さんの氏神とされています。肥後一宮も阿蘇神社で熊本市からは遠く離れています。代表的な神社を国司が巡拝するために決めたという説があります。本当に一宮なのかなという一宮があります。それは播磨国一宮「伊和神社」です。播磨国の中心的都市は昔から姫路ですが、この神社は兵庫県宍粟市一宮町にあります。JR姫路駅からバスで80分もかかる中国山地の傍にあります。本殿も小さいものです。本殿は一間四方です。拝殿はそれより大きくなっています。最寄りの駅がJR播但線の寺前駅ですが、そこからでも20キロメートルもあります。交通不便のために訪れることは困難です。一宮全てを巡拝したという人も多いのですが、私には無理のようです。四国には一宮は4つしかありませんので、全てを巡拝出来ました。讃岐一宮の田村神社、阿波一宮の大麻比古神社、土佐一宮の土佐神社、伊予一宮の大三島にある大山祇神社です。訪れていないのは、近畿地方では伊和神社（播磨一宮）、伊射波神社（志摩一宮）の2社です。中部地方でも1社（三河一宮砥鹿神社）が残っています。関東地方でも2社（上野一宮貫前神社と相模一宮寒川神社）が残っています。中国地方と九州地方は残っている神社の方が多いし、隠岐一宮は離れていますので、私が生きている間に参拝するのは無理でしょう。

4 建　　物

　本殿、拝殿などを絵馬に描いているものを供覧します。

　錦織神社は、大阪府富田林市にある神社です。近鉄長野線の川西駅を降りて、5〜6分で参道の入り口になります。本殿は正平18（1363）年の建築です。入母屋造三間社、正面千鳥破風、軒唐破風付き、桧皮葺きとなっています。屋根の斜面正面に付けられた三角形の千鳥破風が唐破風の上に位置します。このような屋根形式は室町時代の神社建築としては珍しく貴重なものとされています。この建築様式は江戸時代に建築された神社に多く採用され、「錦織造り」と呼ばれ、日光東照宮にも影響を与えたとされています。両摂社は小規模な流造り二間社で、天神社は文明12（1480）年の棟札があり、春日社も同じ頃の建築と推定されています。本殿、両摂社とも国の重要文化財に指定されています。神社の名前は地元では「にしこり」、「にしこおり」、「にしごり」と呼んでいます。近くにある錦織公園の名前は「にしこおり」となっています。神社のある地域は太古には「錦織部」と呼ばれていたようです。古くは織物の技術を持った人々が百済より渡来し、住みついていたとされています。祭神は建速素戔嗚命、品陀別命、菅原道真です。創建は平安時代中期と思われます。

図4-1　錦織神社の絵馬は本殿を描いています

　赤城神社は関東地方に300社もありますが、総本社は大洞赤城神社（群馬県前橋市富士見町赤城山）とする説があります。昭和45（1970）年に大沼にある小鳥ヶ島に再建されました。赤城山を神体山として祀る神社です。大沼はカルデラ湖で周囲は黒檜山（1828 m）、駒ヶ岳（1685 m）、地蔵岳（1674 m）、長七郎山（1579 m）などの峰で取り囲まれています。これらを総称して赤城山と言います。赤城山という峰はありません。国定忠次の「赤城の山も今宵限り、生まれ故郷の国定村や、縄張りを捨て国を捨て、……」の台詞で山の名前が全国に広がったということです。赤城神社の絵馬の一つは本殿を描いています（図4-2）。

図4-2　赤城神社の絵馬

　阿部野神社は大阪市阿倍野区北畠にある神社です。南朝方について各地を転戦した北畠顕家とその父である北畠親房を祀る神社です。延元3（1338）年に顕家が足利方に敗れて亡くなったと伝承される地に、地元の有志が顕家を祀る祠を建立したのに始まります。紆余曲折を経た上で、明治15年に現在地に北畠顕家と北畠親房を主祭神とする阿部野神社が創建されました。絵馬には本殿が描かれています（図4-3）。境内には旗上芸能稲荷社があります。

図4-3　阿部野神社の絵馬

　扇森稲荷神社の絵馬は贈って頂いたもので。調べてみると大分県竹田市にある神社
でした。祭神は猿田彦神、保食大神、大宮女命の稲荷神となっていました。元和2
（1616）年岡藩主、中川久盛により創始されました。天保年間（1830〜1843年）のあ
る夜、第12代藩主中川久昭公の枕辺に御神霊が現れ「明日の登城は危険である。十分
警戒せよ。われは領内櫻瀬の稲荷狐頭源太夫なり」と告げて消え去りました。翌日危
機をかわした久昭公は地元に使者を走らせ、社殿を新たに造営しました。このことか
ら「狐頭様」と呼ばれるようになっています。正式名称は「扇森稲荷神社」ですが、
地元では「こうとうさま」と呼ばれています。絵馬は本殿を描いています（図4-4）。

　前橋八幡宮の社務所は神社と離れて存在するという珍しい作りとなっています。前
橋総鎮守と記されています。絵馬は本殿を描いています（図4-5）。

　大阪市天王寺区夕陽ケ丘町にある愛染堂勝鬘院は四天王寺の近くにあります。地
下鉄谷町線四天王寺前夕陽ケ丘駅を下車するとすぐ近くです。大阪の夏祭りは6月
30日からの愛染祭で始まります。聖徳太子は推古天皇元（593）年に四天王寺を創建
し、四天王を御祀りするとともに、敬田院、施薬院、療病院、悲田院の四カ院を創建
しました。愛染堂は施薬院の置かれた場所にあります。開山は聖徳太子、開創年は
593年となります。このお寺の主な建物は金堂（本堂）と多宝塔です。金堂は徳川秀

図4-4　扇森稲荷神社の絵馬

図4-5　前橋八幡宮の絵馬

忠の再建で愛染明王が祀られていますので、愛染堂と呼ばれています。多宝塔は愛染明王の本地仏（大日如来）が安置されています。この多宝塔は慶長２（1597）年豊臣秀吉により再建されたもので、国の重要文化財に指定され、大阪で最も古い建造物となっています。大阪大空襲の災いも免れました。絵馬には金堂と多宝塔を描き、蓮座の上に梵字を描いています。（図4-6）。

図4-6　大阪愛染堂の絵馬

　開成山大神宮は福島県郡山市開成３丁目にあります。安積開拓の開拓民の精神的なよりどころにするために、伊勢神宮の分霊をお祀りしており明治９（1876）年に創建されました。主祭神は天照大神、豊受大神、神武天皇です。「東北のお伊勢さま」とも呼ばれています。絵馬には本殿を描いています（図4-7）。

　大阪護国神社は地下鉄住之江公園駅を出るとすぐのところにあります。大阪府出身または大阪府に縁故のある国事殉難者10万５千余柱をお祀りしています（図4-8）。

　山陽電鉄の明石駅から一つ大阪よりに人丸駅があります。この駅のホーム上を東経135度の子午線が通っています（図4-9）。日本の標準時の起点となる場所で、ホームからは明石天文台が見えます。

図4-7　開成山大神宮の絵馬は本殿を描いています

図4-8　大阪護国神社の絵馬

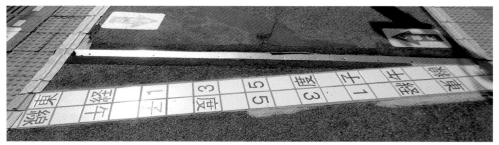

図4-9　人丸駅ホームにある東経135度の表示

人丸駅を降りて山側に歩くと明石天文台があり、そのすぐ上が柿本神社です。100段ほどの石段を登ると境内に到着します。もちろん、柿本人麻呂を祭神とする神社です。絵馬は本殿を描いています（図4-10）。

図4-10　柿本神社は本殿を描く

伊弉諾神宮は淡路国一宮で、兵庫県淡路市多賀にあります。絵馬には本殿、ニワクナフリ（鶺鴒：セキレイ）、大楠を描いた御神鳥絵馬があります（図4-11）。

柴又帝釈天は寛永年間（約390年前）の開山で、禅那院日忠上人によります。「日蓮聖人の親刻になる帝釈天の板本尊の所在が一時不明であったが、240年前本堂

図4-11　伊弉諾神宮の絵馬。本殿と大楠を描く

修理の際に棟の上から発見された。ときに安永八（1779）年の春、庚申の日であった。この本尊庚申の日に出現したので『庚申』を縁日ときめた。このご本尊の片面には中央に『南無妙法蓮華経』のお題目。また、他の片面には帝釈天が彫刻されている。帝釈天の信仰と、当時盛んであった『庚申待』の民間信仰と結びついて『宵庚申』の参拝が行われるようになった」と「柴又帝釈天縁起」に記されています。

　京成電鉄柴又駅で降りると、すぐに柴又帝釈天の参道で、両側には土産物屋や飲食店が並んでいます。『男はつらいよ』の寅さんで有名になった場所です。寅さんグッズも多く売られていました。本堂の外側にはケヤキの木を彫った彫刻が多数飾られていました（拝観は有料）。本堂も立派で、絵馬には本堂を描いています（図4-12）。

　東京都新宿区にある花園神社の絵馬の一つは干支の絵馬ですが、背景には社殿が描かれています（図4-13）。花園神社の境内には様々な露天商がお店を広げていました。

図4-12　柴又帝釈天の絵馬は本堂を描いている

図4-13　花園神社の絵馬の一つ

コラム2　お参りしたい神社

『週刊朝日』2018年1月5、12日合併号にお参りしたい神社が3人の女性により選ばれて掲載されていました。3人とは開運セラピストの紫月香帆さん、フリーランスアナウンサーの富永美樹さんとコラムニストの鈴子さんです。以下に各個人別に神社名を記します。

　紫月香帆さん（開運セラピスト）は以下の12社です。

　　鹿島神宮（茨城県鹿嶋市）

　　水天宮（東京都中央区日本橋）

　　鷲神社（東京都台東区千束）

　　神田神社（東京都千代田区外神田）

　　皆中稲荷神社（東京都新宿区百人町）

　　森戸神社（神奈川県葉山町堀内）

　　銭洗弁財天宇賀福神社（神奈川県鎌倉市佐助）

　　富士山本宮浅間大社（静岡県富士宮市宮町）

　　三嶋大社（静岡県三島市大宮町）

　　出雲大神宮（京都府亀岡市千歳町出雲無番地）

　　金刀比羅宮（香川県琴平町）

　　櫛田神社（福岡市博多区上川端町）

　富永美樹さん（フリーランスアナウンサー）は以下の8社です。

　　戸隠神社（長野市戸隠）

　　北口本宮富士浅間神社（山梨県富士吉田市上吉田）

　　諸口神社（静岡県沼津市戸田）

　　春日大社（奈良市春日野町）

　　大神神社（奈良県桜井市三輪）

　　下鴨神社（京都市左京区下鴨泉川町）

　　阿蘇神社（熊本県阿蘇市一の宮町宮地）

　　霧島神宮（鹿児島県霧島市霧島田口）

　鈴子さん（コラムニスト）はスポーツ界、角界、歌舞伎界、芸能界にゆかりの10社を選んでいます。

　　浅草寺（東京都台東区浅草）

　　亀戸香取神社（東京都江東区亀戸）

　　花園神社（東京都新宿区新宿）

江島神社（神奈川県藤沢市江の島）

　　八ツ屋神明社（愛知県大府市共和町）

　　宇賀多神社（三重県志摩市阿児町鵜方）

　　相撲神社（奈良県桜井市穴師）

　　清水寺（京都市東山区清水）

　　車折神社<ruby>（くるまざきじんじゃ）</ruby>（京都市右京区嵯峨朝日町）

　　白峯神社（京都市上京区飛鳥井町）

となっています。

　これら30社の中で訪れていないのは森戸神社、銭洗弁財天、戸隠神社、諸口神社、亀戸香取神社、八ツ屋神明社、宇賀多神社、相撲神社、白峯神社、鷲神社、花園神社、皆中稲荷神社と12社もあります。これも制覇しないといけません。戸隠神社は以前から機会があればと考えていた神社ですが、それ以外は初めて知った神社ばかりです。そこで東京で学会（平成30年9月）があった時に鷲神社、花園神社、皆中稲荷神社を訪れました。鷲神社は「酉の市」で有名な神社でした。花園神社も「酉の市」で有名な神社でした。皆中稲荷神社は神主さん不在でした。小さな神社でした。車折神社は芸能人がよく訪れる神社で、京福電鉄に車折神社の駅があり、降りるとすぐなのですが、残念ながら絵馬はありません。

 5 花

花を描いた絵馬は多くありません。

近鉄橿原線の八木西口駅で下車し、徒歩13分くらいで、おふさ観音に着きます。橿原市小房町にあります。境内にはバラが多数（4000株）3800種植えられています。アーチ仕立てのものもあります。5月15日から6月30日が見頃です。バラはところ狭しと植えられています。クレマチスも少しだけ植えられています。絵馬にはバラの花が描かれています（図5-1）。

図5-1　おふさ観音の絵馬

名古屋市にある熱田神宮の創建は景行天皇43年と伝えられています。神体は草薙剣で、主祭神は熱田大神です。熱田大神は日本武尊のこととする説もあります。織田信長の寄進した築地塀（信長塀）もあります。絵馬は櫻の花を描いています（図5-2）。

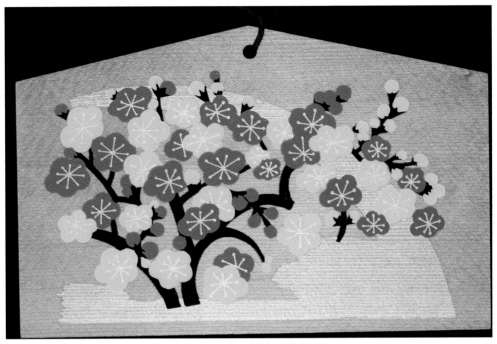

図5-2　熱田神宮の絵馬

三室戸寺はあじさいを多く植えています。絵馬にはあじさいを描いています。

図5-3　三室戸寺の絵馬はあじさいを描いています

　兵庫県加古川市にある鶴林寺は加古川で最も有名なお寺ということで、本堂は国宝に指定されています。聖徳太子御創立と記されており、崇峻天皇2（589）年聖徳太子16歳のときの開創と伝えられています。「刀田の太子さん」「播磨の法隆寺」とも呼ばれています。関西の花の寺25寺には、菩提樹と沙羅の花が匂い立つ聖徳太子ゆかりの播磨の法隆寺と記されています。絵馬の一つに花柄のものがありました（図5-4）。

図5-4　加古川市鶴林寺の絵馬

　奈良県護国神社の神域は高円の杜と称され、創建当時県下一円よりの樹木により現在の美しい杜が生まれました。また、昭和55年より郷土の御霊を慰める目的で、多くの方々の心のこもった献木により多数、多品種の椿が植樹されました。春の大和路、花の新名所として杜は賑わっています。この杜には約1000種、1万本の椿が植樹されています。3月頃から見頃となります。春には「椿まつり」が開催され、椿盆栽展、椿苗木の頒布なども行われています。訪れたのが4月も末に近く、椿の見頃は終わっていましたが、絵馬には椿が描かれていました（図5-5）。

図5-5　奈良県護国神社の絵馬の一つは椿を描く

6　動　物

　神功皇后と鮎の話は『日本書紀』や『筑前国風土記』に書かれています。朝鮮半島にある新羅へ遠征する際、皇后は針に米粒をつけ、「新羅遠征が成功するのであれば、魚よ、これに食いつけ！」と祈って糸を垂れたところ鮎がかかったという伝説です。このことが魚へんに占うと書いて、「鮎」という漢字の語源になっていると言われています。神功皇后の「釣り占い」は筑前の川での話ですが、藤森神社の絵馬の一つに描かれています（図6-1）。藤森神社は勝負の神様だからでしょうか。

図6-1　藤森神社（京都）の絵馬の一つは神功皇后「鮎占之図」です

　南知多の半島の先の日間賀島にある安楽寺には蛸を描いた絵馬がありました（図6-2）。蛸が仏像（阿弥陀如来）を抱えていたということでした。現在は安楽寺に安置されているということです。絵馬を奉納した人の中には芸能人「ベッキー」の名前がありました。

　京都の寺町にある「蛸薬師（永福寺）」の絵馬の一つに、ご婦人が参拝し、祈願している前に蛸がいるというのがありました（図6-3）。

図6-2　安楽寺の絵馬

図6-3　京都にある蛸薬師の絵馬

　岸和田市にある天性寺は別名「蛸地蔵」と呼ばれています。創建年は元亀元(1570) 年とされています。最寄り駅は南海本線「蛸地蔵駅」です。駅舎には「蛸地蔵縁起絵巻」のステンドグラスがあります。天性寺は駅から徒歩7分ぐらいのところにあります。日本一大きいとされる地蔵堂に地蔵菩薩像が安置されています。「天性寺地蔵尊縁起」によると建武年間、岸和田城に高波が襲いかかったとき、海の彼方から大蛸に乗った法師が海岸迄近付き波風を鎮められ城は救われたと言います。天正12年、根来衆、雑賀衆などの紀州勢が岸和田城に攻め込み、大乱戦となったとき、蛸に乗った一人の法師が現れて、紀州勢をなぎ倒しましたが、苦戦。そのとき海辺より無数の蛸が現れて、紀州勢を退散させたということです。この法師は地蔵菩薩の化身で、堀に埋められていた地蔵菩薩を取り出して祀ったということです。絵馬は蛸を描いています（図6-4）。

図6-4　天性寺（別名蛸地蔵）の絵馬は蛸を描いています

　皮膚科の某先生から学会の折に頂いたのが、豊葦原神社、通称遥拝神社の絵馬です。熊本県八代市にある神社で高田の氏神様とされている神社（遥拝さん）の絵馬

です。図柄はナマズを描いていますが、白ナマズ（図6-5）と黒ナマズ（図6-6）を描いています。皮膚病難除と書かれているのも珍しく、感激しました。祭神は国常 立尊<ruby>（くにのとこたちのみこと）</ruby>など19神で相殿には仲哀天皇、応神天皇、神功皇后と記されています。球磨川を見下ろす小高い所にあります。名和義高が八代城下に用水の取り入れ口として杭瀬を作りましたが、これが遥拝堰の起こりで、これら用水の総鎮守として、賀茂宮を勧請したと記されています。ナマズとの関係はよく判りませんが、堰の守りのご神体でしょうか。また『八代郡誌』には「征西将軍懐良親王、高田御所御在館の時、常に当社より吉野の行在所を遥拝せられ、―― 故を以て遥拝宮と称す」と記されているそうです。これが遥拝神社の由来でしょうか。蛇足ですが、「しろなまず」とは「尋常性白斑」の俗名で、「くろなまず」とは「癜風」の俗名です。癜風はマラセッチアという真菌（かび）により生じる皮膚病のことになります。

図6-5 熊本県八代市にある遥拝神社の絵馬はナマズを描く

図6-6　八代市にある遥拝神社の絵馬

　大阪市北区天神橋筋の近く、堀川戎神社の境内に榎木神社（地車稲荷神社）があります。大きな絵馬です（図6-7）。

図6-7　堀川戎神社にある地車稲荷神社の絵馬。狸が地車をひきます

道明寺（藤井寺市）の絵馬は毎年正月に訪れて授与していただくようにしているのですが、数が少なく手に入らない年もあります。なにしろ手書きと言うことです。卯年の絵馬は兎の餅つきです（図6-8）。

図6-8　道明寺、卯年の絵馬

　申年の絵馬はなんとなく猿が木登りをしているような雰囲気があって、申の字が描かれています（図6-9）。
　辰年の絵馬は舟に七福神が乗船している図ですが、舟の先端が龍となっています。龍頭宝船ということです（図6-10）。
　戌年（図6-11）、子年（図6-12）、巳年（図6-13）を示しますが、いずれもほんわかと温かみを感じる絵馬となっています。道明寺の絵馬は例年愉しみにして拝受している絵馬です。

図6-9　申年の絵馬

図6-10　道明寺、辰年の絵馬、龍頭宝舟を描く

図6-11　道明寺、戌年の絵馬

図6-12　道明寺、子年の絵馬

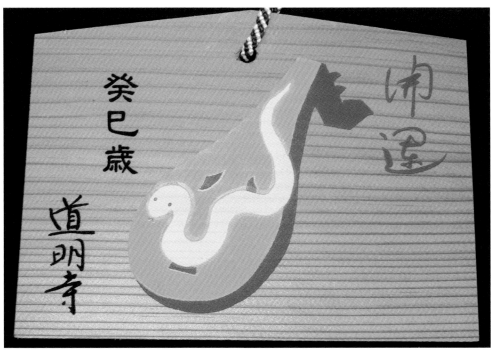

図6-13　道明寺巳歳の絵馬

出雲大神宮の酉年の絵馬に描かれた鳥の絵馬は美しいものです（図6-13）。

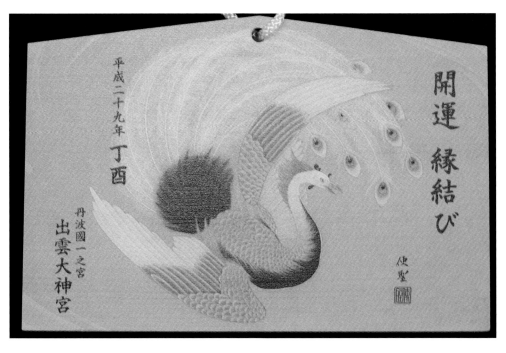

図6-14　出雲大神宮（丹後一宮）の酉年の絵馬

加古川市にある鶴林寺の絵馬の一つは鳥を描いていました（図6-15）。

図6-15　加古川市にある鶴林寺の絵馬の一つ

　福島県郡山市にある安積国造神社（あさかくにつこじんじゃ）の絵馬の一つで酉年の絵馬は鶴林寺の絵馬とそっくりさんです（図6-16）。もちろん神社名は異なります。

図6-16　安積国造神社の酉年の絵馬

梅宮大社は京都市右京区梅津にあります。阪急嵐山線の松尾大社駅から500ｍぐらいの場所です。創建は1300年前で、嵯峨天皇の皇后 橘 嘉智子によって現在地になったとのことです。ご祭神は酒解神（＝大山祇神）、酒解子神（＝木花咲耶姫命）その他6神です。木花咲耶姫命が小若子神（＝彦火々出見尊）をご安産になったのを大山祇神は喜んで「天甜酒」を造ってお祝いしたと『日本書紀』に記されているそうです。これにより酒造の祖神とされています。この近くにある松尾大社もお酒の神様ですし、大神神社（奈良県桜井市）もお酒の神様です。お酒の神様は多いようです。梅園もあり、40種、550本の梅が植えられています。絵馬（図6-17）には鶏が描かれ、醸造祖神、安産授与と書かれています。鶏を描いた絵馬は少ないので、大変感激しました。昔からの絵馬だそうですが、どうして鶏なのかは教えてもらえず残念でした。

図6-17　梅宮大社の絵馬は鶏を描いています

　兵庫県の御影にある弓弦羽神社の絵馬には八咫烏を描いた絵馬が2種類あります（図6-18、図6-19）。

図6-18　弓弦羽神社の絵馬の一つで八咫烏を図案化しています

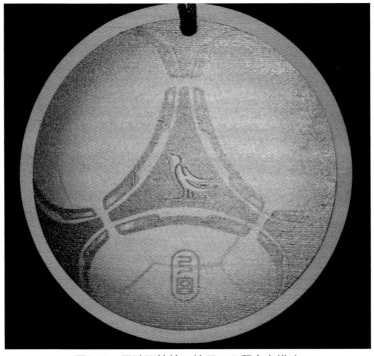

図6-19　弓弦羽神社の絵馬で八咫烏を描く

御幸森天神宮は JR 大阪環状線桃谷駅と鶴橋駅の間に位置する猪飼野にあり、コリアタウンの入り口に接しています。仁徳天皇は鷹狩りの折、度々当地の森にご休憩されたので、御幸の森と呼ばれるようになりました。天皇崩御の後、西暦406年、此の森に社を建立し天皇のご神霊を祀りました。御祭神は仁徳天皇、少彦名命、忍坂 彦命（おしさかひこの）（みこと）です。天神宮と言いますが、天神さんとは関係がないようです。絵馬は干支の絵馬しかありません（図6-20）。

図6-20　御幸森天神宮の絵馬

御幸森天神宮のすぐ近くにあるのが彌榮神社（大阪市生野区桃谷）ですが、干支の絵馬でした。彌榮神社は「いやさかじんじゃ」と称えるという意見もありますが、氏子が「やえいじんじゃ」と称えるので、「やえいじんじゃ」と称えていると由緒記に記されています。御祭神は須佐之男命と牛頭天王です。絵馬は干支の絵馬しかなく、神社名は裏面にあるのでした（図6-21）。

JR 大阪環状線の森ノ宮駅のすぐ傍に、玉造筋を挟んで 鵲 森 宮（かささぎもりのみや）があります。森ノ宮神社と言います。その由緒記によると今から千四百数年前、崇峻天皇 2（589）年7月、聖徳太子は物部守屋との戦いに必勝を祈願され、その戦いに勝利されて、まず父母の用明天皇と穴穂部間人皇后を神としてお祀りになりました。その後、太子は四

図6-21　彌榮神社の絵馬の表と裏

天王像を造り、此の森に元四天王寺を創建なされました。聖徳太子の命により難波の
吉士磐金（きしいわかね）が新羅へ使者として渡り、新羅より帰ってきて鵲2羽を献上しました。此の
森で飼ったことから「鵲の森」と称え、ついに宮の名前となり「森ノ宮」ともいうよ
うになったとのことです。「鵲の渡せる橋に置く霜の白きを見れば夜ぞ更けにける」
の百人一首にある和歌はこの神社でうたったのだと言っています。絵馬は平凡で干支
の絵馬で神社名もありません（図6-22）。

図6-22　森ノ宮神社（大阪市中央区森ノ宮）の絵馬

　玉津島神社は和歌山市和歌浦にある神社です。ご祭神は稚日女尊（わかひるめのみこと）、息長足姫（おきながたらしひめの）

尊、衣通姫尊、明光浦霊です。稚日女尊は天照大神の妹神です。息長足姫尊は神功皇后です。皇后が海外出兵の際、玉津島の神（稚日女尊）が非常な霊威をあらわされたため、稚日女尊を篤く尊崇され、後に、ご自身も卯の年・卯の月にちなみ、玉津島神社に合祀されることになりました。古来よりうさぎは、神様のお使いといわれています。衣通姫尊は第19代允恭天皇の后で、殊のほか和歌の道に秀でておられました。第58代光孝天皇の勅命により合祀されました。衣通姫尊が祀られて以来、玉津島の神は「和歌三神」（現在の住吉大社・柿本神社・玉津島神社）として広く人々から崇められてきました。聖武天皇は「弱浜」の名を改めて「明光浦」と為せといわれ、玉津島の神・明光浦霊を祭りなさいと勅令を発せられ、このことにより明光浦霊をお祀りすることになりました。絵馬は干支の絵馬で亥年ということで猪の子供を描いたものでした（図6-23）。いま一つは宝船に猪が乗っていました（図6-24）。

　鹽竈神社もすぐ傍にあります。万葉の時代から和歌浦の入り江にあったそうです。鹽槌翁尊を祀っています。

図6-23　和歌浦にある玉津島神社の絵馬

図6-24　和歌浦にある玉津島神社の絵馬

　中道八阪神社は大阪市東成区中道にある神社で、JR 大阪環状線の玉造駅から徒歩10分弱の位置にあります。ご祭神は素戔嗚尊と菊理姫命です。大阪では難波八阪神社（前著にあります）も中道八阪神社も「阪」の字になっています。絵馬は干支の絵馬しかありません（図6-25）。

図6-25　大阪市東成区中道にある中道八阪神社の絵馬

　東大阪市にある長瀬神社は旧長瀬村に大正元年に創建され、長瀬村守護の産土神<ruby>うぶすながみ</ruby>として鎮座することになったものです。産土神というのは神道において、その者が生まれた土地の守護神を指しています。その者を生まれる前から、死んだ後まで守護する神とされており、他所に移住しても一生を通じて守護してくれると信じられています。氏神と氏子は血縁を基に成立するのに対して、産土神は地縁による信仰意識に基づいています。生まれた子の初宮参り、成人式、七五三などに産土神詣でをする風習があります。現在長瀬神社は東大阪市衣摺<ruby>きずり</ruby>に存在します。近鉄大阪線長瀬駅を降りて、長瀬川（一部暗渠になっています）に沿って上流の方へ徒歩７〜８分ぐらいです。私は小学生から30歳までこの地に住んでいましたので、50年ぶりに訪れたことになります。昔は長瀬という名前は近鉄大阪線の長瀬駅、大和川の支流の長瀬川、長瀬第１小学校（現在の長瀬北小学校）とこの神社にしか残っていなかったのですが、現在は町名の改正があったようで、長瀬町が誕生していました。昔の貨物線は「おおさか東線」となり、JR長瀬駅も誕生しています。長瀬神社は私が50年以上昔に住んでいた地区の神社です。社殿は新しく平成元年に立て替えられたようです。立派になっていました。絵馬は干支の絵馬しかありません（図6-26、図6-27）。

図6-26　東大阪市衣摺にある長瀬神社の絵馬

図6-27　長瀬神社の絵馬

　天河大辨財天社（奈良県吉野郡天川村坪内107）では、多くの芸能人も訪れるという弁財天をようやく参拝しました。近鉄阿倍野橋から特急に乗車し、下市口で下車しバスに乗車。下市の街を外れると、山また山の中を進むのでした。途中に何とか住宅前というバス停があるのも珍しく、長いトンネル二つ（2 km くらいのと 6 km ぐらい）を抜けると川合でした。ここでかなりのお客さんが下車しました。おそらく大峰山にでも登る人達でしょう。天河大辨財天社までの乗客はかなり少なくなりました。天河大辨財天社は祭りの準備で忙しそうでした。7月16日、17日は例大祭で色々と奉納されるそうで、京都からも能の奉納にやって来るとのことです。社殿内には能の舞台もあります。五大弁財天と称して、天河、厳島、竹生島、江ノ島、金華山があげられており、日本弁財天の一宮が天河との事です。奥の院の大峯社殿建立は 7 世紀。役行者は弥山に弁財天をお祀りしたとのこと。現在の社殿は平成元年に建立されたもの。絵馬の絵柄は同じで大、中、小と 3 種類あり、犬が 4 匹ならんでいるもので干支の絵馬（図6-28）。弁財天を描いた絵馬でなく残念。

　平成29年（酉年）に大神神社（おおみわじんじゃ）を訪れて絵馬を拝受しました。酉年の絵馬で鶏を描いていました（図6-29）。

図6-28　天河大辨財天社の絵馬

図6-29　大神神社の酉年の絵馬

金持神社は鳥取県日野郡日野町金持1490にある神社です。到底参拝は不可能だったのですが、皆生温泉の観光案内所で絵馬をいただきました。

　絵馬には招き猫が描かれ、まね金猫と書かれています（図6-30）。良質の砂鉄が採れる場所で、鉄はカネと読む事に由来するようです。

図6-30　鳥取県日野郡日野町にある金持神社の絵馬

　氷室神社は奈良市春日野町にあり、奈良国立博物館の向かいにあります。春日大社の別宮に属しています。奈良時代に平城京に４月１日から９月30日まで献氷したと伝えられています。絵馬は干支の絵馬でした（図6-31）。

　西大寺は近鉄大和西大寺駅から歩いて５分ぐらいの場所にあります。真言律宗の総本山で、四王堂、本堂には重文の仏像が安置され、愛染堂には国宝の愛染明王座像もあるのですが、参拝者は少ない寺院です。前著には愛染明王の絵馬を掲載しましたが、今回は干支の絵馬を示します（図6-32）。

　小国神社は遠江一宮の一つです。他に事任八幡宮も一宮となっています。小国神社は静岡県森町にあり、最寄り駅は天竜浜名湖鉄道の遠江一宮駅ですが、JR掛川駅からタクシーで行きました。天竜浜名湖鉄道は１時間に１本ぐらいしか運行していま

図6-31　氷室神社の干支の絵馬

図6-32　西大寺の干支の絵馬

せん。極めて不便な場所にあるのですが、参拝者の多いのに驚きました。御祭神は大
己貴命です。大国主命のことです。創建は不詳ですが、神代とされています。平安
時代の「延喜式」では式内社とされています。江戸時代には徳川家康公により社殿の
造営、社領の寄進なども行われています。絵馬は2種あり、一つは干支の絵馬でした
が、亥年の猪の絵が風変わりでした（図6-33）。

　龍尾神社は掛川城の北東にあります。タクシーで参拝しました。しだれ梅とアジサ
イで有名な神社のようです。祭神は素戔嗚尊、櫛稲田姫尊、八柱 御子神です。創建
時期は不詳ですが、鎌倉時代の書物に記載があるとのことです。掛川城の守護神とさ
れています。絵馬は干支の絵馬で平凡でした（図6-34）。

図6-33　小国神社の絵馬

図6-34　龍尾神社の絵馬

7 仏像や七福神を描いたもの

　寺院では仏像を描いた絵馬が多く置かれています。讃岐を訪れたときに、琴電に乗ってあちらこちらの寺院を訪れました。四国第86番の志度寺には生まれ年に応じて絵馬があり、購入しました。私は昭和12（1937）年丑年の生まれなので丑、寅年生まれのお守本尊と記されている虚空蔵菩薩を描いた絵馬を拝受しました（図7-1）。阿弥陀如来を描いたものは戌、亥年生まれのお守り本尊と記されていましたが、阿弥陀如来を描いているということで同時に拝受することにしました（図7-2）。江戸時代の有名な発明家平賀源内の生まれたところで、墓所は志度寺の隣にあります。

図7-1　四国霊場第86番（香川県さぬき市）志度寺の絵馬は虚空蔵菩薩を描く

　岩屋寺は知多半島にあり、女人高野とも呼ばれています。ここも多くの仏像の絵馬があり、愛染明王を描いた絵馬（図7-3）と千手観音を描いた絵馬（図7-4）を拝受しました。

　西国第23番札所勝尾寺は紅葉の名所ですが、新緑の季節に訪れました。シャクナゲ、ツツジなど多くの花が咲き、広大な境内は美しく、勝ちダルマも有名で、あちら

図7-2　さぬき市志度寺の絵馬、阿弥陀如来を描く

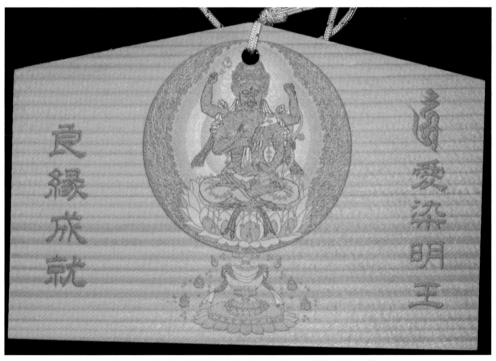

図7-3　岩屋寺（尾張高野山）の絵馬　愛染明王を描く

図7-4　岩屋寺の絵馬　千手観音を描く

図7-5　勝尾寺の絵馬は十一面観音を描く

こちらに置かれていました。絵馬には観音像を描いています（図7-5）。

　浜名湖畔にある舘山寺は小高い山の中腹にあり、階段を登って行きます。非常に狭いところにお堂が建ち並んでいますが、境内からの眺望はよく、浜名湖を見ることができます。山頂には観音菩薩立像がありますが、今度は細い山道を登って行きます。雑草に覆われているので、夏に人があまり通らない山道を登ると、蜂や蛇が出る恐れもあり危険なので、登るのを諦めて観音菩薩立像を描いた絵馬を拝受することにしました（図7-6）。

図7-6　浜名湖畔の舘山寺の絵馬の一つは観音菩薩を描く

京都京極の蛸薬師堂に蛸を描いた絵馬の他に観世音菩薩を描いた絵馬があり、拝受しました（図7-7）。

図7-7　蛸薬師堂の観世音菩薩を描いた絵馬

　安倍文殊院は近畿日本鉄道（近鉄）大阪線の桜井駅で下車しバスで行くことが出来ます。本堂には獅子に乗った文殊菩薩が安置されています。ついで、金閣浮御堂、霊宝館を訪れました。金閣浮御堂には安倍仲麻呂と安倍清明が祀られています。この地が二人の出身地となっています。境内は広く秋には30種類ものコスモスが咲き乱れます。
　安倍文殊院は日本三文殊第一と記されています。絵馬を拝受すると、獅子に乗った文殊菩薩が描かれています（図7-8）。他の二つの文殊さんは京都府天橋立にある文殊堂智恩寺と高知市にある四国第31番霊場五台山竹林寺かと思われます。いずれも絵馬は前著に掲載しています。

　琵琶を弾いている弁財天を絵馬に描いている神社も多く、知多半島の先にある日間賀島にある西郷山長心寺（図7-9）、鎌倉の長谷寺（図7-10）、箱根神社（図7-11）を示します。前著にも鎌倉長谷寺の弁財天の絵馬を掲載していますが、少し絵柄が変わっています。箱根神社の弁財天は九頭龍に跨がっているのが珍しいかと思われます。箱根神社の摂社には九頭龍神社があります。玉造稲荷神社（大阪市）には弁財天

図7-8　安倍文殊院の絵馬。文殊菩薩を描いています

図7-9　日間賀島（知多半島の先）にある長心寺の絵馬

図7-10　鎌倉長谷寺の絵馬。以前の絵馬とは絵柄が少し異なります

図7-11　箱根神社の絵馬は龍に乗った弁財天を描く

が祀られています。絵馬にも弁財天を描いています（図7-12）。

図7-12　玉造稲荷神社の弁財天を描いた絵馬

　蛸薬師堂は京都の寺町、京極にあります。絵馬の一つは弁財天を描いていますが、琵琶を持たず、色彩も赤一色で描かれています（図7-13）。

図7-13　蛸薬師堂の絵馬。琵琶を持っていない

淡路島洲本市に厳島神社があり、絵馬には弁財天が描かれていました（図7-14）。

図7-14　淡路島厳島神社の絵馬は弁財天の前に狛犬が描かれている

京都宇治の万福寺には小さな絵馬があり、布袋尊を描いていました（図7-15）。

図7-15　万福寺の小絵馬

　鎌倉には多くの寺院がありますが、絵馬を置いている寺院は多くはありません。鎌倉五山は建長寺（第1位）、円覚寺（第2位）、寿福寺（第3位）、浄智寺（第4位）、東慶寺、浄妙寺などを参拝しましたが、絵馬を置いていたのは浄智寺だけで、布袋尊を描いていました（図7-16）。寺院では御朱印は頂けますが、絵馬を置いているところは少ないです。山口市にある瑠璃光寺の絵馬の一つに達磨太子を描いたものがありました（図7-17）。

図7-16　鎌倉浄智寺の絵馬。布袋尊を描く

図7-17　山口市にある瑠璃光寺の絵馬の一つ

浜名湖畔の舘山寺から山の方に行くと、臨済宗方広寺があります。山中のお寺で浜松市北区引佐町奥山にあります。本堂は奥山半僧坊総本殿です。周囲には五百羅漢像もあります。精進料理として「うな重」の写真があったので、尋ねてみると材料は魚ではないとのことです。絵馬は大黒天を描いたものです（図7-18）。

図7-18　方広寺の奥山半僧坊の絵馬には大黒尊天が描かれている

　勝部神社は滋賀県守山市にある神社で、JR 琵琶湖線守山駅から徒歩10分ぐらいです。物部布津命の他、住吉神を祀っています。本殿は1497年建立で、国の重要文化財に指定されています。松明祭は通称「勝部の火祭り」と言われ、800年の歴史を持つ滋賀県の三大火祭りの一つで、毎年1月の第2土曜日に行われます。絵馬には恵比寿さんと大黒さんを描いています（図7-19）。

図7-19　滋賀県守山市にある勝部神社の絵馬

大阪市北区にある堀川戎神社の絵馬は恵美須さんと鯛を描いています（図7-20）。

図7-20　堀川戎神社の絵馬

豊烈神社は山形駅から徒歩10分くらいのところ、山形城の東側にあります。御祭
神は豊烈霊神（水野忠元公）、英烈霊神（水野忠邦公）です。山形藩最後の藩主の水
野家を弔うために、明治13年に浜松から御分霊を頂いて創建したものです。10月の
お祭りでは山形豊烈打毬が奉納されますが、これは山形市の指定無形民族文化財に指
定されています。宮内庁、八戸市に伝わる打毬とともに貴重なものです。絵馬は恵比
寿・大黒を描いています（図7-21）。

図7-21　山形市にある豊烈神社の絵馬

群馬県の伊香保にある伊香保神社の絵馬は恵美須、大黒を描いています（図7-22）。

大阪には大國主神社があります。地下鉄御堂筋線の大国町駅北口を出るとすぐに神
社があり、それが敷津松之宮です。神功皇后が三韓より御帰帆の折、敷津浜に寄られ
たときに松樹三本を渚に植え、その下に素戔嗚尊を祀り、渡海安全を祈られたのが起
源とされています。日出大国社は延享元（1744）年に出雲大社より大国主大神の御神
霊を勧請したと記されています。それが大阪木津大國主神社で敷津松之宮と同じ境内
にあります。付近の地名、駅名の由来ともなっています。大阪に70年以上も住んで
いて、大国町の由来を全く知らないで過ごしていました。絵馬は大国主命を描いてい
ます（図7-23）。

図7-22　伊香保神社の絵馬

図7-23　大阪木津大國主神社の絵馬

聖天さんの絵馬は巾着を描いたり、違い大根を描いたりします。歓喜天を祀っているのですが、その像を描いた絵馬はない？のかもしれません。

大阪市阿倍野区にある天下茶屋聖天は巾着を絵馬に描いています（図7-24）。大阪には大阪五低山というのがあり、その一つが聖天山で標高14メートルです。その山頂にあるのが天下茶屋聖天です。

図7-24　天下茶屋聖天の絵馬

四国第85番の八栗寺は高松市牟礼町にあります。琴電八栗駅から徒歩25分で八栗登山口駅に着きます。ケーブルで八栗山上駅に着くとすぐです。木食上人が後水尾天皇妃から賜った大師作の歓喜天を歓喜堂に祀ったので、八栗の聖天さんと呼ばれています。商売繁盛、夫婦円満にご利益があるとされています。絵馬には巾着に違い大根を描いています（図7-25）。

京都市祇園にある六道珍皇寺（ろくどうちんのうじ）は弘法大師の師匠で慶 俊 僧都（きょうしゅんそうず）の開基とされています。絵馬には薬師如来を描いています（図7-26）。

平安前期の延暦年間（782〜805年）開創とされていますが、異説もあって、空海説、小野 篁（おののたかむら）説もあります。境内には閻魔堂、お迎え鐘の鐘楼があります。小野篁は

図7-25　四国第85番八栗寺は聖天さんを祀るので巾着に違い大根

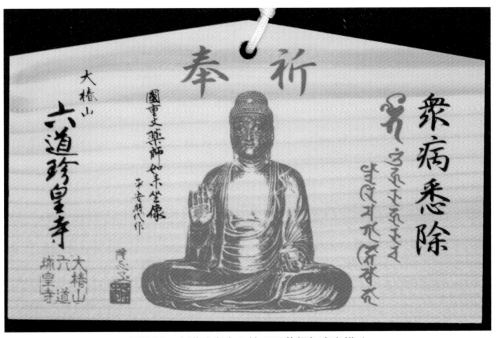

図7-26　六道珍皇寺の絵馬は薬師如来を描く

夜毎閻魔大王に仕える裁判官だったとされ、夜毎通うために、本堂裏庭には「小野篁冥土通いの井戸」、「黄泉がえりの井戸」があります。六道珍皇寺の絵馬は図7-26、図7-27です。

　百人一首11番に「わたの原八十島かけて漕ぎ出でぬと人には告げよ海人の釣り舟」の歌があります。これは小野篁が嵯峨天皇の逆鱗にふれ、隠岐島に流されたときの歌です。此の翌々年には許されて帰京し、嵯峨天皇に重用されています。嵯峨天皇が子子子子子子子子子子子子と子を12個並べたものを小野篁に読ませたところ「猫の子　子猫　獅子の子　子獅子」と読んだそうです。「子」という字には「ね」、「こ」、「し」、「じ」の四通りの読み方があることからこのように読んだのです。

図7-27　六道珍皇寺の絵馬

　矢田寺（正式には矢田山金剛山寺）は奈良県大和郡山市矢田町にあります。飛鳥時代の680年ごろ、大海人皇子（＝後の天武天皇）が戦勝祈願のため矢田山に登られ、即位後の勅命により智通僧正が開基されました。当初は十一面観音を本尊としていましたが、平安時代から地蔵菩薩が本尊となりました。矢田寺は地蔵菩薩信仰発祥の地の一カ所と言われています。お地蔵様はお釈迦様の入滅後、弥勒菩薩が出られて再び法を説かれるまでの56億7000万年の無仏の間、救いのないこの世に出現され、民衆を救済されるありがたい仏様とされています。北僧坊では精進料理を食べる事が出来ますが、予約が必要です。南僧坊では絵馬を拝受しました（図7-28）。お寺の名前が記載されていない絵馬でしたので、印を押して頂きました。御朱印は本堂、北僧坊、南僧坊で戴く事が出来ました。矢田寺の境内には約60種1万株のあじさいが植えら

れています。あじさいの季節には近鉄橿原線郡山駅から矢田寺迄バスが運行されています。

図7-28　矢田山金剛山寺の絵馬は地蔵尊を描いています

真田幸村縁の真田山三光神社に寿老神を描いた小絵馬がありました（図7-29）。

図7-29　真田山三光神社の小絵馬は寿老神を描く

浅草鷲神社（酉の市で有名な）の小絵馬は寿老人を描いています。表と裏を示します（図7-30）。

図7-30　浅草鷲神社の小絵馬の表と裏

　加古川市にある鶴林寺の平癒祈願の絵馬は「鬼」を描いています（図7-31）。変わった絵柄です。

図7-31　鶴林寺の病気平癒祈願の絵馬

東大寺には仏像を描いた絵馬もありました（図7-32）。

図7-32　東大寺の絵馬の一つ

　唐招提寺は、鑑真が天平宝字3（759）年に戒律の専修道場を創建されたことにより始まりました。近鉄橿原線の西ノ京駅の近くにあります。金堂は奈良時代（8世紀後半）の建物で国宝です。中には廬舎那仏座像（本尊）、薬師如来立像、十一面千手観世音菩薩立像などが配されています。絵馬には多くの手が記されていますので千手観世音菩薩の手を描いたものかと思われます（図7-33）。

図7-33　唐招提寺の絵馬

8 空海、弘法大師にまつわる絵馬

　空海（法名）は現在の香川県善通寺市で774年に生まれ、835年3月21日に入滅しています。平安時代初期の僧で、弘法大師は醍醐天皇により921年に追贈された諡号（おくりな）です。空海の前は如空、その前は教海と名のっていました。中国より真言密教をもたらしたことで知られています。室戸岬の御厨人窟で修行中に悟りを開いたとされていて、このとき目にしていたのは空と海だけだったので、空海と名のったと言われています。現在も室戸岬には空海の修行した洞窟が残されています。また、その近くには弘法大師の像が建てられています。バスの停留所には大師像前というのもあります。ホテルもあります。昔は空と海しかなかったような場所です。

　延暦23（804）年5月12日第16次遣唐使の一員として難波津を出航し、途中で嵐に遭い、8月10日福州に漂着し、同年11月3日に長安に入っています。その後、修行を積み、遍照金剛の灌頂名を与えられています。この名前は後世、空海を尊崇するご宝号として唱えられるようになっています。806年3月に長安を出発し、8月に明州を出航し、五島列島の福江島を経て、806年10月無事に博多津に帰着しています。

　唐の明州の浜辺から遠く日本に向け、持っていた仏具、三鈷杵（さんこしょ）を投げました。自身が望む密教の道場建設に適した場所を指し示すよう祈りました。

　三鈷杵は五色の雲に運ばれ、遥か高野山、壇上伽藍の松の枝に架かっていたそうです。この松は御影堂の前に立つ、三鈷の松として知られています。飛行の三鈷という図絵があります。飛行三鈷杵は重文に指定され、高野山三大秘宝の一つです。

　空海は中国から戻って密教の道場を開くために適切な場所を探し求めて日本各地をまわっていたと伝えられています。その途中、現在の奈良県五條市の山中で白黒二匹の犬を連れた狩人と出会いました。その二匹の犬が高野山に弘法大師を案内したところ、松の枝にかかった三鈷杵をみつけ、この地を道場建設の地としました。この狩人は現在、壇上伽藍の御社に祀られている狩場明神です。

　狩場明神との出会いを描いた弘法大師行状図絵が高野山にありますが、その一部を描いた絵馬が大伽藍四社明神社にあります（図8-1）。

　高野山の人々や真言宗の僧侶の多くにとっては、高野山奥の院の霊廟において現在も空海が禅定を続けているとされています。奥の院の維那と呼ばれる仕侍僧が衣服と二時の食事を給仕しています。奥の院に到る通路の両脇には古くからの著名人の墓所

図8-1　狩場明神との出会いを描いた絵馬

が多数あります。明智光秀の墓、徳川家霊台、豊臣家、武田家、上杉家など多数です。高野町は標高800mくらいのところで、人口は昭和40年ごろ9000人でしたが、現在3150人と少なくなっています。117の寺院が密集している宗教都市です。大阪からは南海電鉄難波駅から高野線で極楽橋駅まで行き、ケーブルカーで高野山駅に登ります。駅からはバスで山上伽藍へと行きます。道路で下から登ってくると大門（金剛峯寺大門：重要文化財です）に到着します。高野山 町 石道は慈尊院（九度山町；女人高野）から高野山へ通じる表参道です。一町（約109m）ごとに町石と呼ばれる五輪卒塔婆形の石柱が建てられています。約22kmの道中に180基おかれています。

　同 行 二人と書かれた笠を冠って、四国霊場88カ所を巡礼した後には高野山にお礼参りをすることになっています。同行二人とは弘法大師とともに巡るという意味です。

　弘法大師を描いた絵馬は東寺にありますが、ここでは長野市にある刈萱山西光寺の絵馬（図8-2）を示します。

　知多半島にある岩屋寺の絵馬は身代大師病気平癒の文字とともに弘法大師の姿が描かれています（図8-3）。

　浜名湖畔の舘山寺には眼病平癒、「め」のお大師さんとあり、弘法大師の姿が描かれています（図8-4）。お大師さんの姿はいずれの絵馬も同じで、椅子の上に正座し、

図8-2　刈萱山西光寺の弘法大師を描いた絵馬

図8-3　尾張高野山、岩屋寺の弘法大師を描いた絵馬

その下には履物と水差しがあるという構図になっています。

図8-4　舘山寺穴大師の弘法大師を描いた絵馬

　慈尊院は和歌山県伊都郡九度山町にあります。本尊は木造彌勒佛座像で国宝に指定されています。空海は高野山への表玄関として九度山に政所（寺務所）を設けました。空海の母・阿刀氏（伝承では玉依御前）は讃岐の国多度郡（香川県善通寺市）から息子の開いた高野山を一目見ようとやってきたのですが、当時高野山内は七里四方が女人禁制となっていたために、麓にある政所に滞在し、弥勒菩薩を篤く信仰していました。空海は月に九度は必ず二十数キロメートルに及ぶ山道（高野山町石道）を下って、政所の母親を訪ねてきたので、この辺りに「九度山」という地名が付けられたということです。現在では女性も高野山に参拝出来るようになっています。なお、奈良県にある室生寺も女人高野と呼ばれています。

　この絵馬は前著を贈呈した方から送っていただいたものです（図8-5）。

図8-5　女人高野　慈尊院の絵馬

9 天神信仰

平成2年に神社本庁が調査したところでは1位が八幡信仰で7817社、2位が伊勢信仰で4425社、3位が天神信仰で3953社となっています。ここでは天神信仰に関連した絵馬を集めてみました。

関蝉丸神社は国道1号線沿いで、大津市逢坂にあります。百人一首で「これやこの行くも帰るも別れては知るも知らぬも逢坂の関」という蝉丸の歌で有名です。蝉丸は盲目の歌人とされています。神社そのものは寂れていますが、舞台には備前焼の狛犬が置かれています。しかし、その片目が壊されていました（図9-1）。いたずらが過ぎると感じました。蝉丸神社の絵馬は学業成就とあり、菅原道真公を描いているようでした（図9-2）。

図9-1　関蝉丸神社の備前焼の狛犬。片目が潰されて穴が開いています

図9-2　関蟬丸神社の絵馬

　潮江天満宮は高知市にあります。前著では牛を描いた絵馬を掲載しましたが、ここでは梅の木と多分道真公を描いたと思われる絵馬を（図9-3）示します。

図9-3　潮江天満宮の絵馬の一つ

川越市にある三芳野神社の絵馬も菅原道真公を描いています（図9-4）。

図9-4　三芳野神社（川越市）の絵馬

　大垣天満宮は大垣八幡宮の摂社の一つとして同じ境内にあります。絵馬には菅原道真公を描いています（図9-5）。

図9-5　大垣天満宮の絵馬

最御崎寺は高知県室戸市にあります。四国霊場第24番札所です。室戸岬にあり、室戸三山（他の二つは津照寺と金剛頂寺）の一つです。室戸岬灯台の近くにあります。地元では東寺と呼ばれています。絵馬には道真公を描いています（図9-6）。

図9-6　最御崎寺の絵馬は道真公を描く

能登一宮は気多大社ですが、摂社に天神さんがあり、絵馬にも描かれてすずり天神と書かれていました（図9-7）。

図9-7　能登一宮の気多大社のすずり天神

福岡市の中州近くに水鏡天満宮があり、「東風吹かば香い於古せよ梅の花」の句とともに道真公と梅鉢を描いていました（図9-8）。

図9-8　福岡市の水鏡天満宮の絵馬

尾道市にある御袖天満宮は菅原道真公が太宰府へ舟で向かう途中尾道に上陸した際に、ご自身の着物の片袖を破り、自身の姿を描いて与えましたが、薨去後その袖を祀る祠を建てたことに由来します。絵馬には道真公を描いています（図9-9）。

図9-9　尾道市の御袖天満宮の絵馬

　大阪市福島は、菅原道真公が太宰府に行く途中に、海路を行く淀川の風待ちの場所で、丁重にもてなされたお礼に里人の布に自画像を描いて与えられました。福島天満宮の御神体とされています（図9-10）。

図9-10　大阪福島天満宮の絵馬の一つ

　菅原道真公は延喜元（901）年太宰府へ赴く途中、風波を避けて和歌浦に立ち寄ったといいます。その後文章博士「橘直幹」が和歌浦を訪れ、道真公を追慕して御神霊を勧請したのが、和歌浦天満宮の始まりだそうです。その後、江戸時代のはじめ慶長5（1600）年に紀州藩主となった朝野幸長公が慶長9年ごろから造営をはじめ慶長11（1606）年に完成したのが現在の社殿ということです。社殿には急な石段を上るか女坂というややゆるい石段を上ります。私は当然女坂を上りました。男坂を上ったところにある楼門から海岸の方を振り返ると「若の浦に潮満ち来れば潟おなみ（片男波）葦辺をさして鶴鳴き渡る」と山部赤人が詠んだ「和歌浦」が一望できます。絵馬には菅原道真公を描いています（図9-11）。

　入り口は紀州東照宮のすぐ横にあります。

　防府天満宮では牛と梅と和歌を絵馬に描いていました（図9-12）。

図9-11　和歌浦天満宮の絵馬

図9-12　防府天満宮の絵馬

　服部天神宮は大阪府豊中市にあります。帰化人集団「秦氏」が允恭天皇の御世（412〜453年）に織部司に任じられ、当地を服部連の本拠とした際、外来神の少彦名命（医薬の神）を祀ったのが始まりとされています。主祭神は少彦名命と菅原道真です。「足の守護」で名高い神社です。天神宮ということですが、絵馬の主役は草履で、梅鉢の紋だけが天神宮を示す絵柄となっています（図9-13）。

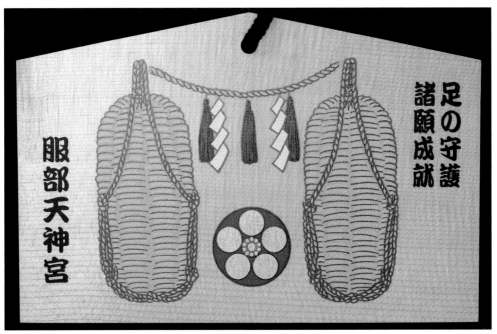

図9-13　服部天神宮の絵馬

　京都市中京区新京極にある錦天満宮の由来は古いのですが、明治5年の神仏分離令によって、当地に鎮座しているとのことです。京都の錦市場のある錦通りと新京極通りの交点にあります。いずれも、人通りの多い所です。御祭神はもちろん菅原道真公です。境内は賑わっています。絵馬の一つは梅の花と牛を描いています（図9-14）。境内には牛の像も置かれています。いま一つは戌年の絵馬で犬を描いていますが、背景には梅の花が描かれて天神さんの絵馬らしくなっています（図9-15）。

　生根神社（上の天神）は大阪市西成区玉出にあります。南海本線岸里玉出駅から西へ400ｍ、地下鉄（大阪メトロ）玉出駅から北へ300ｍぐらいのところにあります。生根神社は住吉大社のすぐ傍にもあり奥の天神と呼ばれています。この神社から少彦名神の分霊を勧請して玉出の産土神としたのに始まるとされています。西宮神社から蛭児命の分霊を祀っています。明治初年に大阪の筑前屋敷に祀られていた筑前天満宮

図9-14　錦天満宮の絵馬。梅の花と牛を描く

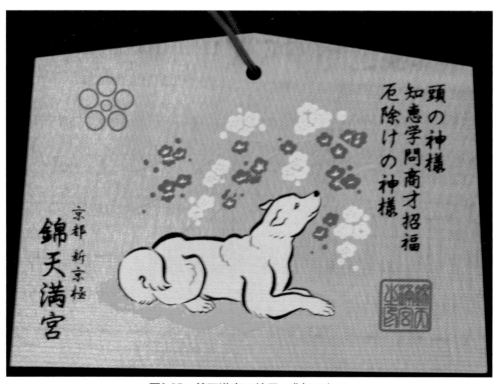

図9-15　錦天満宮の絵馬。戌年のもの

を合祀しています。祭神は少彦名命、蛭児命、菅原道真公です。生根神社にはだいがく（台楽または台額）が伝わっています。雨乞い神事に使用された、高さ約20mの柱に約70個の提灯を飾り付けた物で、秋田の竿燈に似ています。7月24〜25日の夏祭りには公開されています。玉出の古名は勝間村と言い、当地の名産が「こつま南京」です。冬至には「こつまなんきん祭」として蒸しかぼちゃを参拝者に振る舞います。蒸しかぼちゃを食べて、中風除け、ボケ払い、無病息災を祈願します。絵馬には牛と梅の花が描かれています（図9-16）。

図9-16　生根神社（上の天神）の絵馬

天神社には鷽替え神事というのがあります。鎌倉の荏柄天神社の絵馬に鷽の彫刻を描いたものがあります（図9-17）。

郡山市にある安積国造神社は総鎮守、八幡さまで、1885年もの歴史がある神社です。安積艮斎の誕生の地にあり、安積天満宮は菅原道真とともに安積艮斎を祀っています（図9-18）。安積艮斎は江戸時代末期の学者で、三菱財閥の祖岩崎弥太郎もその門人の一人だそうです。

図9-17　鎌倉の荏柄天神社の絵馬は鷽鳥の彫刻を描く

図9-18　福島県郡山市にある安積天満宮は安積艮斎を描く

　神戸北野天満神社は神戸市中央区北野町にあります。福原遷都に際して平清盛の命を受けた大納言五条邦綱が、新しい都の鬼門鎮護のために京都の北野天満宮を勧請して社殿を造営させたのがはじめと伝えられています。治承4（1180）年のことです。これ以後周辺は「北野」と呼ばれるようになりました。南北朝や戦国時代には戦乱に巻き込まれましたが、江戸時代になると北野天満神社は北野村の鎮守として崇敬されました。明治になると周囲に異人館が建ち並ぶようになりました。参詣道は「風見鳥の館」の隣にある階段を上ります。五十数段あります。拝殿に到着です。そこから更に階段があります。本殿に到ります。境内からは神戸の町並みを見下ろすことができます。絵馬は黒牛を描いたもの（神社名がありません）です（図9-19）。神社から真っすぐ下る道は北野坂で、約15分で三宮駅に到ります。

図9-19　神戸北野天満神社の絵馬。神社名がありません

　松山神社は愛媛県松山市祝谷東町にあり、石段を90段ほど上った丘の上にあります。御祭神は徳川家康公と菅原道真公の霊神となっています。明和8（1765）年に松山城主松平隠岐守久松定静公が現在の場所に東照宮として祀り、現在の社殿は元治2（1865）年に造られたものだそうです。また、延喜元（901）年に菅原道真が筑紫に左遷の途中、祝谷山崎の丘の温泉に浴して、里人と交流したとの事です。里人等が徳を慕い、社殿を設け天満神社と称していましたが、明治43年12月に東照宮に合祀し、

社号を松山神社と改称したとのことです。

　絵馬には菅原道真公を描いています（図9-20）。

図9-20　松山神社の絵馬は菅原道真公を描く

　米子市に賀茂神社天満宮というのがあります。西暦1300年頃に、賀茂三笠山（米子城趾山）を神体山として鎮座したと考えられるとの事です。上賀茂神社より勧請された別 雷 神を祀っています。昭和36年天満宮を合祀し、社名を賀茂神社天満宮と改称したとの事です。絵馬には雷神と梅鉢が描かれています（図9-21）。

　犬山市に三光稲荷神社があり、その隣にあるのが針綱神社です。４月の最初の土、日に行われるのが犬山祭で、これは針綱神社のお祭です。13輌の山車は国の「重要無形民族文化財」に指定され、平成28年12月には「ユネスコの無形文化遺産」に登録されたとのことです。絵馬の一つには天神さんを描いたものがありました（図9-22）。

図9-21　米子市の賀茂神社天満宮の絵馬

図9-22　愛知県犬山市にある針綱神社の絵馬の一つ

『週刊朝日』2017年1月20日の記事に「成功した人が神社に行く理由」という記事がありました。

　織田信長は桶狭間の戦いの前に熱田神宮で戦勝祈願し、今川義元を討てたのは神が味方してくれたからと信じ、お礼として築地塀（信長塀）を寄進しました。今もその築地塀を見ることができます。

　経営の神様松下幸之助は石清水八幡宮を信仰し、「手を合わすという姿は、ほんとうは神仏の前に己を正して、みずからのあやまちをよりすくなくすることを心に期するためである」。また神田明神の随神門も寄進しました。

　出光佐三は宗像市に生まれ、地元の宗像大社を篤く崇拝し、荒廃した宗像大社に私財を投じて昭和の御造営を成し遂げました。現在の宗像大社は出光佐三氏のおかげと言えます。元総理の吉田茂が箱根神社を崇拝しており、芦ノ湖にある鳥居の扁額の書は吉田茂によるものとのことです、箱根神社は757年創建の関東総鎮守・箱根権現として崇敬を集めています。源頼朝も戦勝祈願をしています。朱塗りの社殿は徳川家康が寄進したものです。鹿島神宮は常陸国一宮で神武天皇時代の創建とされる関東最古の神社です。日本神話に登場する勝利の神タケミカヅチ神を祀ります。佐藤栄作は鹿島神宮を篤く信奉していました。小泉純一郎は地元横須賀の走水神社を崇拝しているということです。一度訪れてみたいと思います。

　安倍晋三は磐神社を安倍家の祖として信仰しているとのことです。磐神社は岩手県にあるということですから、訪れるのは無理かもしれません。

　土佐稲荷神社は大阪市西区にあります。土佐藩主山内豊隆が造営し、その後明治になって岩崎弥太郎に譲られました。三菱発祥の地です。豊田佐吉は愛知県にある岩津天満宮を訪れていたようです。走水神社、磐神社、岩津天満宮は参拝したことがありません。

　神社参拝の手順は正式には以下のようになります。

　神社を訪れましたら、鳥居の前でまず軽く一礼して入ります。参道の中央は神様の通り道ですから、中央は避けて歩きます。手水舎で手と口を清めます。拝殿に到着したら、神前に進み軽く拝礼します。ついで鈴を鳴らし、賽銭を賽銭箱に入れます（忘れないように）。お礼をする際は二礼二拍手一礼の手順で拝礼します（神社によって異なるところもあります）。参拝が終わり、神社を後にする際は鳥居のところで本殿の方向を振り返り、軽く一礼します。

　私はこのように参拝しているかというと、十分には守れていません。鳥居を潜る前

の一礼と退出時の一礼をよく忘れます。また、寒いときには、手水舎での作法を省略
することが多いのです。困ったことです。初詣では参拝者が多いと参道の中央を歩く
ことも多いのです。改める必要がありそうです。

10 お稲荷さんの絵馬

お稲荷さんの本社は伏見稲荷神社ですが、その絵馬は前著に掲載しました。

豊川稲荷は正式には圓福山豊川閣妙嚴寺というお寺です。豊川稲荷が祀っているのは「だきにしんてん」。『吒枳尼眞天』という麗しき羽衣天女は下界へは白狐に乗って現れるといわれ、それが稲荷信仰と相まって同一視されるようになり「豊川稲荷」の名が広まったといいます。

表参道を抜けると山門が構えています。堂塔伽藍は90余り。山門は天文5年の建築で、今川義元の寄進によるものです。鳥居もあります。本殿もあります。千本幟が立てられています。その奥には狐の石像が無数に安置されています。絵馬には可愛らしい白狐（親子でしょうか）が描かれています（図10-1）。楽しそうな絵馬です。

図10-1　豊川稲荷（圓福山豊川閣妙嚴寺）の絵馬

東京都の元赤坂に豊川稲荷の東京別院があり、前著で紹介した大岡越前守の絵馬もありますが、向かい狐の絵馬もあり、鳥居のなかに「叶」の字が描かれています（図10-2）。

雑司ヶ谷の鬼子母神の境内に武芳稲荷があります。絵馬の形は鬼子母神のものと同

じです。絵柄は向かい狐の間に鈴？が描かれています（図10-3）。

図10-2　東京都の元赤坂にある豊川稲荷の絵馬

図10-3　武芳稲荷の絵馬

歌懸稲荷神社は山形市にあります。山形城主の斯波兼頼が山形城内の守り神として
城内に建立したと伝わっています。絵馬には鳥居と白狐です（図10-4）。

図10-4　歌懸稲荷神社の絵馬

　『吒枳尼眞天』という麗しき羽衣天女は下界へは白狐に乗って現れるといわれ、その
図柄を描いているのが、岡山県にある最上稲荷山妙教寺の絵馬です（図10-5）。

図10-5　最上稲荷山妙教寺の絵馬

　草戸稲荷神社は広島県福山市草戸にあります。芦田川の近くにあり、橋を渡って参拝することになります。祭神は保食神、宇迦之御魂神と大己貴神の三神です。絵馬には鳥居と向かい狐を描いています（図10-6）。

図10-6　草戸稲荷神社の絵馬

　三光稲荷神社は犬山市にあり、犬山城の南の登城入り口近くにあります。犬山城主成瀬氏の守護神とされています。絵馬には台座に座った白狐と多くの鳥居を描いています（図10-7）。

図10-7　犬山市にある三光稲荷神社の絵馬

阿部野神社の末社に旗上芸能稲荷社があり、鳥居の中に向かい狐を描き、「初心忘れるべからず」と「一芸は万芸に通ず」と書かれた絵馬があります（図10-8）。

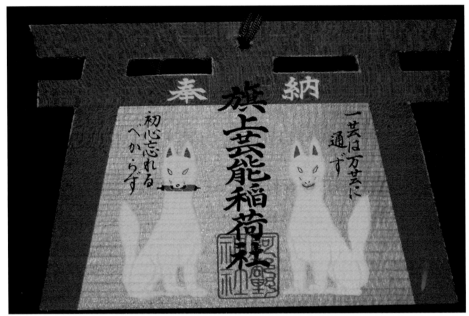

図10-8　旗上芸能稲荷社（阿部野神社にある）

信太森葛葉稲荷神社の絵馬の一つに五角形の絵馬もあります（図10-9）。

図10-9　葛葉稲荷神社の絵馬

熊本城稲荷神社にも五角形の絵馬があります（図10-10）。

図10-10　熊本城稲荷神社の五角絵馬

　土佐稲荷神社というのは大阪市西区にあります。岩崎弥太郎により建立された神社です。商売繁盛を願ったものでしょうか。三菱発祥の地です。戌年の絵馬でお稲荷さんの絵馬とは思えない絵柄です（図10-11）。

図10-11　土佐稲荷神社の絵馬、以前の戌年のもの

圓隆寺「稲荷さん」は広島市中区三川町にあります。元和5（1619）年浅野長晟公が紀州より広島藩主として広島城へ入封の際、現在地に御堂を建立し、初代住職に日音上人を迎えて開かれました。圓隆寺に祀られている「稲荷さん」は「稲荷大明神」のことで日音上人が勧請されました。御神体は、法華経の守護神で稲荷を「いなり」と唱えず、音読みにして「とうか」と唱えます。「稲荷大明神」の夏祭りは広島三大祭りの一つに数えられ、浴衣の着初め祭りとされています。絵馬は中央に描かれている模様がお稲荷さんを思わせるものです（図10-12）。

図10-12　とうかさんの絵馬

　東京都新宿区には花園神社があります。入り口の石碑には花園稲荷神社と記されていました。享和3（1803）年2月には花園の名前が見られ、文政8（1825）年の古文書に花園稲荷神社の名前があります。昭和40（1965）年鉄筋コンクリートの社殿を新築し、同一本殿内に大鳥神社、雷電稲荷神社を合祀して花園神社と改名しました。新宿の総鎮守です。絵馬はお稲荷様らしいものです（図10-13）。

　新宿区の花園神社の近くにある皆中稲荷神社を訪れたのですが、宮司さんが不在で、御朱印を頂けず、絵馬も拝受出来ません。仕方なく絵馬掛けに吊るされていた絵馬を示します（図10-14）。

図10-13　花園神社の絵馬

図10-14　皆中稲荷神社の絵馬

瓢箪山稲荷神社は東大阪市瓢箪山にあります。近鉄奈良線の瓢箪山駅を下車し、商店街を南の方に少し歩くと神社の入り口です。神社の由緒書きには日本三稲荷、辻占総本社とかかれています。ちなみに三大稲荷と称しているのは瓢箪山稲荷神社の他に竹駒神社、笠間稲荷神社、豊川稲荷妙厳寺、千代保稲荷神社、草戸稲荷神社、祐徳稲荷神社、最上稲荷山妙教寺、源九郎稲荷神社などがあるそうです。天正11（1583）年に豊臣秀吉が大阪城築城に当たり、巽（東南）の方向三里の聖地に「ふくべ稲荷」を鎮護神として祀り、金瓢を埋め、尊崇篤かったとのことです。江戸時代の貞享5（1688）年の村絵図には「いなり」とあり、稲荷社が祀られていたと思われます。瓢箪山稲荷神社は山畑古墳中6世紀ごろに造られた通称「瓢箪山古墳」（双円墳）の西斜面に社殿が建てられており、稲荷神すなわち保食大神を祭神として祀っています。絵馬は鳥居の下に向かい狐を描いています（図10-15）。その他に干支の絵馬もありますが、表には神社名がありません。そこで宮司さんに尋ねますと、裏に当社の焼き印を押していると教えて頂きました。絵馬の表と裏を示しますが、瓢箪形の中に山の字が書かれています。大きな漢字は何と読むのでしょうか（図10-16）。

図10-15　瓢箪山稲荷神社の絵馬

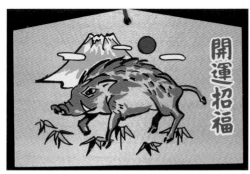

図10-16　瓢箪山稲荷神社の干支の絵馬の表と裏

　30年ぶりぐらいでしょうか、犬山市にある三光稲荷神社をおとずれました。御祭神は宇迦御魂大神、猿田彦大神、大宮女大神で、犬山城郭内に鎮座しており、犬山城への登り口にあります。絵馬掛けにはハート形の絵馬が多数吊るされていましたが、社務所には昔と同じ絵馬もありました。ただし商売繁盛と交通安全の文字の色が以前は黄色（図10-7）でしたが、今回は黒色に変わっていました（図10-17）。

図10-17　三光稲荷神社の絵馬

11 男女を描いた絵馬、縁結びの絵馬

　男女を描いた絵馬は縁結び、子授けなどの願掛け絵馬となっています。鎌倉の長谷観音に子授け、安産の絵馬があります（図11-1）。

図11-1　鎌倉長谷観音の子授け安産の絵馬

　知多半島の先端にある羽豆大明神の絵馬はピンクのハートの中に男女を描いています（図11-2）。

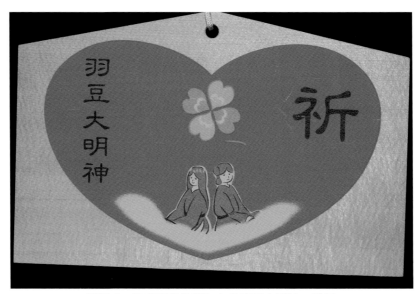

図11-2　知多半島先端にある羽豆大明神の絵馬

加賀一宮の白山比咩神社にも縁結びの絵馬があります（図11-3）。

図11-3　白山比咩神社の絵馬

縁結びの神様と言えば出雲国一宮の出雲大社でしょう。縁結びの絵馬は必要でしょう（図11-4）。

図11-4　出雲大社の縁結びの絵馬

尾道にある尾道大本山浄土寺には「寺まいり」と書かれた絵馬に男女が描かれています（図11-5）。

図11-5　尾道　大本山　浄土寺の絵馬

廣島護国神社には「えんむすび」と書いた絵馬もあります（図11-6）。

図11-6　廣島護国神社の絵馬

　三保の松原の松林の中に羽車神社はありますが、社務所もなく、宮司もいません。絵馬は三保の松原の入り口にある売店で購入しました（図11-7）。

図11-7　三保の松原にある羽車神社の絵馬

　宮崎県椎葉村にある椎葉厳島神社は訪れたことがありません。この絵馬は贈って頂いたものです。宮崎県の椎葉村は平家の落人伝説のあるところで、極めて不便なところにある神社ですが、絵馬は立派です（図11-8）。

図11-8　椎葉厳島神社　平家の守護神

岐阜県大垣市は湧き水の多い街で、大垣八幡宮の入り口にも湧き水があります。末社には天満宮もありました。奥の細道むすびの地でもあります。大垣八幡宮の絵馬を授与して頂きましたが、絵柄の意味は不明です（図11-9）。

図11-9　大垣八幡宮の絵馬

　宮崎県の青島神社の絵馬は前著でサッカーの絵馬を掲載しましたが、このような願掛けびなの絵馬もあります（図11-10）。

図11-10　青島神社の絵馬

　前橋東照宮は明治維新までは川越（埼玉県）にありました。藩主松平家個人が所有する神社でしたが、明治4年に国家管理となり、地域住民が氏子となりました。川越で造営した社殿が一旦解体され、現在地に運ばれて、明治4年に再築されました。前橋東照宮にも「えんむすび」の絵馬がありました。若い男女向けにはこのような絵馬が必要なのかもしれません（図11-11）。前橋市には群馬県庁がありますが、利根川の傍にあります。利根川が氾濫したこともあったようです。

図11-11　前橋東照宮の絵馬

　照国神社は鹿児島市にあります。薩摩第11代藩主島津斉彬（島津家28代当主）を祀る神社です。島津斉彬は安政5（1858）年に50歳で急逝しました。孝明天皇から「照国大明神」の神号を文久3（1863）年に授与されています。創建は文久2（1862）年で、元治元（1864）年に現在地（鹿児島市照国町）に社殿が造営されて照国神社となりました。照国神社の絵馬には男女が描かれています（図11-12）。

図11-12　鹿児島市にある照国神社の絵馬

　島根県松江市にある八重垣神社には多くの女性が訪れていました。裏手に池があり恋占いが出来るようになっています。縁結びの絵馬（図11-13）。

図11-13　出雲八重垣本宮の縁結びの絵馬

　高砂神社の御祭神は大己貴命で、高砂の松（相生松）で有名です。現在は五代目の相生の松が境内に植えられています。謡曲『高砂』で有名で、その一場面を描いたものかと思われる絵馬がありました（図11-14）。

図11-14　兵庫県高砂市にある高砂神社の絵馬

　京都市東山区にある高台寺は豊臣秀吉の正室の「ねね」が後に北政所として住んでいた所です。初めて訪れましたが、山の中腹にあり、広大な敷地に多くの建物があって、庭もありました。方丈の前には枯山水の庭があり、また周囲は回遊式庭園となっていました。そこには茶室も2カ所にありました。展望台のような場所からは北政所が大阪城が炎上するのを見たという所があり、確かに大阪を望めそうでした。あいにくの曇り空で見ることは出来ず、残念でした。

　絵馬はハート型で、そこには秀吉と北政所が描かれ恋愛成就と書かれていました（図11-15）。

図11-15　京都市にある高台寺の絵馬

　滋賀県大津市にある近江一宮の建部大社の絵馬の一つは縁結びの絵馬ですが、ハートを４つ紐で結んだものでした（図11-16）。

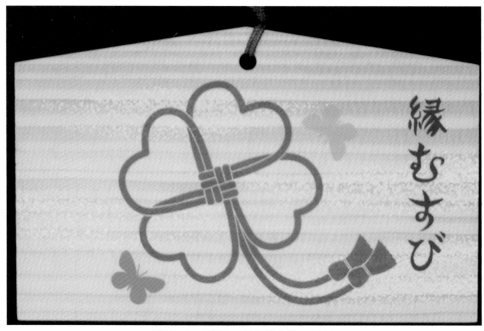

図11-16　近江一宮建部大社の絵馬

　住吉神社は全国各地にあります。広島市では中区住吉町にあり、本川のほとりにあります。絵馬の一つには「えんむすび」と記されたものがあります（図11-17）。

図11-17　広島市にある住吉神社の絵馬

　和歌山市加太に淡島神社はあります。３月３日の雛流しの行事で有名です。本殿には多くのお雛様が奉納されていて、境内には多くの人形が所狭しと置かれています。スクナヒコナ祭りが簡略化されてヒナ祭りになったと「しおり」に書かれていました。人形供養の神社として有名です（図11-18）。

図11-18　和歌山市加太にある淡島神社の絵馬

奉納された人形が回廊や地面に置かれています（図11-19）。

図11-19　淡島神社に奉納された人形、その他の像

　淡路一宮の伊弉諾神宮は「いざなぎのみこと」と「いざなみのみこと」を祭神とする神宮です。御祭神は日本神話の国産み・神産みに登場します。天照大神の両親ということで、淡路島の人はご自慢のようです。国産みで最初に生んだ淡路島の多賀の地の幽宮（終焉の御住居）に鎮まったとされ、当神宮の起源とされています。絵馬には拝殿と二神が描かれています（図11-20）絵馬は大きなもので、置いて飾るようになっています。

図11-20　伊弉諾神宮（淡路一宮）の絵馬

野宮神社の絵馬の一つにハート型のものがあります（図11-21）。

図11-21　京都市右京区嵯峨野にある野宮神社の絵馬

　神戸北野天満神社には叶い鯉・手水舎があり、鯉に水をかけ祈願すると願いが叶うとされています。絵馬の一つにハート型に「恋」と「鯉」を描いたものがあります（図11-22）。

図11-22　神戸北野天満神社の恋愛成就の絵馬

奈良御霊神社は奈良市薬師堂町にあります。元興寺の近くです。いわゆる奈良町の中にあります。御祭神は井上皇后と他戸親王です。井上内親王は光仁天皇の皇后で、他戸親王の母ですが、讒言により失脚。その後宮中に怪事多く、延暦19（800）年、桓武天皇の勅命により創建されました。絵馬は変形ハート型でキューピッドと「愛のねがい」と書かれています（図11-23）。

図11-23　奈良御霊神社の絵馬。裏面に神社名がある

護国神社

護国神社は全国各地にあります。お国のために亡くなられた人を祀っている神社です。滋賀県護国神社は比叡の山並み、琵琶湖と彦根城と盛りだくさんです（図12-1）。

図12-1　滋賀県護国神社の絵馬

廣島護国神社は廣島城趾公園にあり、安芸国出身の戦死者とともに学徒動員や勤労奉仕や女子挺身隊の被爆者も祀っています。原爆に耐えた木もありました。広島市民の多くが初詣に訪れるといいます。また、広島東洋カープの選手もシーズン前に必勝祈願に訪れるということです。絵馬には神社の外観と菊花、その中心には櫻の花を描いています（図12-2）。広島県には備後国もあるのですが、福山市に備後護国神社があります。

愛知縣護国神社は名古屋市にあります。絵馬には櫻花を描いています（図12-3）。

図12-2　廣島護国神社の絵馬

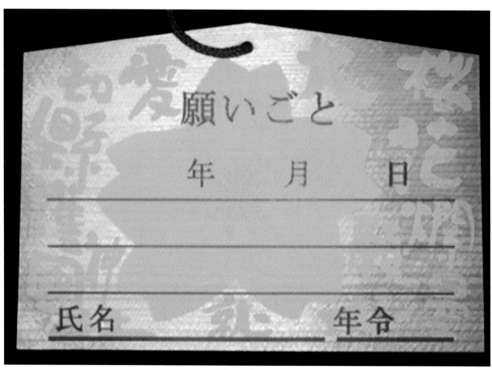

図12-3　愛知縣護国神社の絵馬

　高崎市に群馬県護国神社はあります。明治維新から第二次世界大戦までの群馬県出身関係の戦死者を祀っています。

図12-4　群馬県護国神社の絵馬（酉年のもの）

　大阪護国神社は大阪市住之江区にあります。大阪府出身の殉国の英霊を祀る神社です。本殿を描いた絵馬は別項に記しました。干支の絵馬（図12-5）を示します。

図12-5　大阪護国神社の絵馬（戌年のもの）

京都霊山護国神社は京都市東山区清閑寺霊山町にあります。高台寺の参道の隣にあります。神紋は櫻に菊です。慶応4（1868）年5月10日明治天皇の詔勅により志士たちの御霊を祀るための神社を創建することになりました。坂本龍馬、中岡慎太郎、木戸孝允ら幕末勤王の志士、日清戦争、日露戦争、太平洋戦争の戦死者が祭神として祀られています。坂本龍馬と中岡慎太郎の墓には石段を上って行きますが、有料となっています（300円）。絵馬には坂本龍馬の言葉が記されています（図12-6）。東京にある靖国神社よりも前に創建されています。

図12-6　京都霊山護国神社の絵馬

　和歌山県の護国神社は和歌山城の入り口にあります。入ってすぐに小高い丘があり、その丘の上にあります。参道は上り坂で、タクシーで境内まで行きました。人影も少なく寂れた感じでした。宮司さんも不在で、絵馬は小さな物が1つだけ置いてありました。これまで訪れた護国神社の中では最も寂しい神社と言えます。絵馬は干支の絵馬で猪が描かれ、裏に神社の印が押されているのでした（図12-7）。

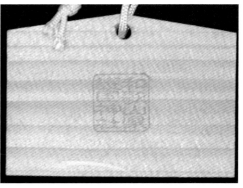

図12-7　和歌山県護国神社の絵馬の表と裏

　兵庫県には護国神社が2カ所にあります。兵庫県神戸護国神社と姫路護国神社です。神戸護国神社は神戸市灘区にあり、JR六甲道から阪急神戸線のガードを潜って更に山手にあります。兵庫県東部、丹波、摂津、淡路ゆかりの英霊が祀られています。境内には櫻が植えられていますし、子供達の遊び場にもなっているようで、賑やかでした。絵馬は的に矢で、矢には「大願成就」と記されています（図12-8）。

図12-8　兵庫県神戸護国神社の絵馬

愛媛縣護国神社は松山市御幸１丁目にあります。赤十字病院の近くです。明治32
（1899）年に「私祭招魂社」として創建され、昭和14年から現在地に遷座し「愛媛縣
護国神社」と改称したとのことです。明治戊辰の役より大東亜戦争に至るまでの国難
に殉じられた県内出身の英霊、公務殉職者（自衛官、警察官、消防団員）、また郷土
の産業・文化発展の功労者など４万9700余柱となっています。資料館もあり、そこ
には若くして出陣し、殉死された多くの英霊の写真が展示されていました。参拝者も
多く、境内も賑わっていました。絵馬は干支の絵馬でした（図12-9）。

図12-9　愛媛縣護国神社の絵馬

　奈良県護国神社は奈良市古市町にあります。奈良佐保短大の近くです。明治維新以
来大東亜戦争までの間、国難に殉じられた奈良県ゆかりの軍人、軍属、従軍看護婦、
満蒙開拓団青少年義勇軍殉職者、県下消防団殉職者などが御祭神です。昭和17年９
月、大和盆地が一望出来る景勝地に社殿が完成し、10月に奈良県護国神社と称し、
鎮座祭が行われました。敷地は１万5000坪もあります。訪れた時には、人影もまば
らでしたが、手入れの行き届いた境内でした。絵馬は干支の絵馬でした（図12-10）。
高円の杜は椿の杜として有名で椿を描いた絵馬もあります。

図12-10　奈良県護国神社の絵馬

13　武将に因む絵馬

　滋賀県大津市にある建部大社は近江国一宮です。JR石山駅からは瀬田の唐橋を渡った先にあります。祭神は本殿に日本武尊、相殿に天明玉命、権殿に大己貴命が祀られています。大己貴命は大国主神のことで、大和国一宮大神神社より勧請されたものです。日本武尊がどうしてこの地に祀られているのか私にはよく判りません。日本武尊は九州の熊襲征伐、東国の平定と活躍し、帰路火難に遭い、伊吹山で蛇に噛まれて（これが祀られる理由？）、32歳で亀山の地で薨じました。死に臨み「倭は　国のまほろば　たたなづく　青垣　山ごもれる　倭しうるわし」と詠い、その陵から、白鳥になって飛び立ったとされています。降り立ったところは御所市、羽曳野市、ついで大鳥大社（堺市、和泉国一宮）とされています。白鳥神社は全国各地にあります。羽曳野市には白鳥陵があります。大鳥大社の祭神は日本武尊です。景行天皇は日本武尊の亡くなったことを嘆かれて、建部を名代とされたと伝えられています。建部神社は源頼朝が伊豆に流される途中、当社に源氏再興を祈願したとされています。

　絵馬には日本武尊が火難に遭ったときの模様が描かれています（図13-1）。

図13-1　建部大社の絵馬。草薙の剣を持つ日本武尊を描いています

犬山桃太郎神社の絵馬は桃太郎凱旋の様子を描いています（図13-2）。

図13-2　犬山桃太郎神社の絵馬

　1159年、平清盛は熊野参詣途上、源義朝のクーデター（平治の乱）を知り、直ち
に京に引き返します。途中大鳥神社（和泉国一宮）に戦勝を祈願し、都へ戻り源氏に
大勝します。清盛が大鳥神社で詠んだ歌「かひこぞよ　かえりはてなば　飛びかけり
はぐくみ立てよ　大鳥の神」は神社の境内に歌碑があります。意味不明です。清盛の
世に伝わる歌はこれ一首のみ。義朝公は都落ちし、尾張国野間の長田忠致とその子景
致の下に身を寄せます。

　野間大坊（愛知県知多郡美浜町）は知多半島にあります。ここは源義朝公（源頼
朝、義経の父）が入浴中に長田親子に殺害された場所で、「我に木太刀の一本なりと
もあれば、むざむざ討たれはせん」と言ったと伝えられています。境内にはお墓もあ
り、首を洗った池もあります。源義朝が殺害された場所がこの地とは全く知らなかっ
たので、よい勉強になりました。絵馬には源義朝公ゆかりの地と書かれ、同時に源頼
朝と源義朝が描かれています（図13-3）。建久元（1190）年11月には上洛途上の頼朝
が父の墓に詣でたことが判っています。

　四条畷（なわて）神社は大阪府四條畷市にあります。JR 学研都市線（旧片町線）の四條畷駅

図13-3　野間大坊の絵馬は源義朝を描いています

を降りると徒歩15分ぐらいのところにあります。飯盛山の麓にあります。少し上り坂ですし、階段もあります。駅前からタクシーで境内迄行くことにしました。帰りは下りなので、徒歩で帰りました。

　四條畷神社は明治23年4月に創建されました。楠木正行（小楠公）を主祭神とし、ほか24柱（弟と家臣）を祀っています。楠木正成（大楠公）を祀る神社は神戸市にある湊川神社です。楠木正行は吉野の行宮に後村上天皇を参内し、別れを告げて出陣したと伝えられています。

「かへらじと　かねて思へば　梓弓　なき数に入る　名をぞとどむる」

　の辞世の歌を記して、出陣されました。絵馬にはその様子を描いています（図13-4）。この姿の銅像は飯森山の山頂にあるそうですが、歳なので訪れてはいません。四条畷の決戦で足利方の高師直の軍に敗れ、23歳で弟正時公と刺し違えて殉節されたと伝えられています。

「青葉茂れる桜井の　里のわたりの夕まぐれ　木の下蔭に駒とめて　世の行く末をつくづくと　忍ぶ鎧の袖の上に　散るは涙かはた露か」という歌がありました。桜井（大阪府三島郡島本町、山崎）での父子の別れを歌ったものです。

　また四条畷という歌では「吉野を出でて、うち向う、飯盛山のまつかぜに、なびくは雲か白旗か。ひびくは、敵の鬨の声」とあります。

図13-4 四條畷神社の絵馬は楠木正行公の出陣の様子を描いています

　楠木正行（小楠公）は四條畷で23歳のときに討ち死にしました。絵馬の一つには菊水の紋と兜を描いています（図13-5）。

図13-5 四條畷神社の絵馬は菊水の紋と兜を描く

大阪市天王寺区には一心寺という有名なお寺があります。JR天王寺駅から北の方向に歩いて15分くらいのところにあり、参詣する人が絶えません。大阪冬の陣で家康の本陣の置かれた場所です。茶臼山の本陣です。入り口には変わったオブジェがあります。現在はお骨仏を安置している事で有名なお寺です。十数万人の人骨を集めて造立されています。何体も安置されています。しかし、このお寺には残念ながら絵馬がありません。御朱印は頂けました。

　このお寺の道を隔てた向かいには安居神社があります。ここは真田幸村が戦死した場所に建立されたものです。小さな神社ですが絵馬がありました。当然絵馬には真田幸村が描かれています（図13-6）。もう一つの絵馬には真田幸村の旗印である六文銭が描かれています（図13-7）。

図13-6　安居神社の絵馬は馬上の真田幸村公を描いています

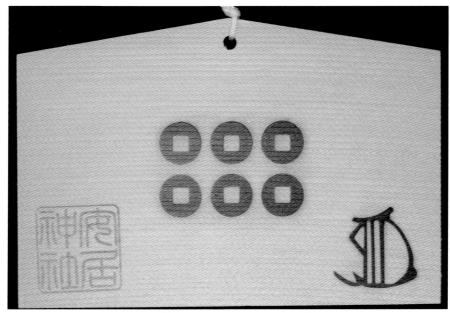

図13-7　安居神社の絵馬は六文銭の紋を描いている

　三光神社は JR 大阪環状線の玉造駅を下車して、西へ500ｍほどのところ真田山にあります。境内には、慶長19（1614）年大阪冬の陣のころ、真田幸村が大阪城まで掘らせたという「真田の抜け穴跡」があります。真田幸村公の像もあります。絵馬には赤い六文銭が描かれています（図13-8）。白い六文銭と勝の字を描いたものもあります（図13-9）。絵馬の裏面にはこの地の説明が書かれています（図13-10）。

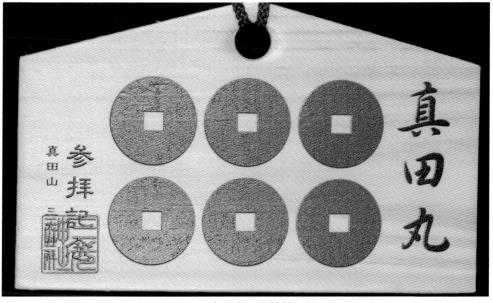

図13-8　真田山三光神社の絵馬

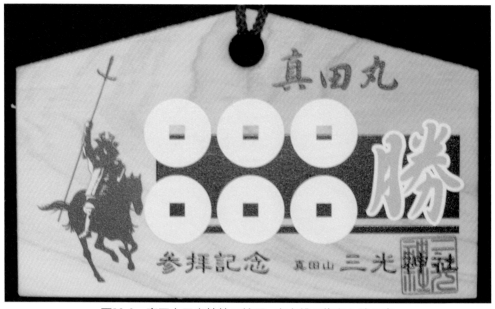

図13-9　真田山三光神社の絵馬、六文銭の旗印と勝の字

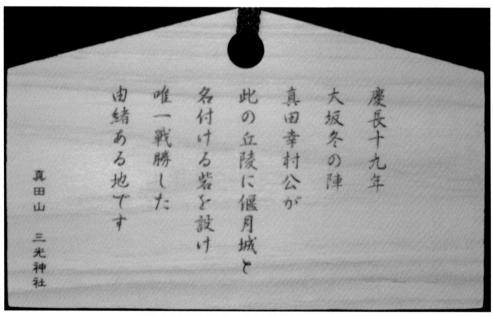

図13-10　真田山三光神社の絵馬の裏面

赤城神社には流鏑馬を描いた絵馬もありました（図13-11）。武将の名前は不詳です。

図13-11　赤城神社の絵馬

1　大阪五低山

　大阪市内には、国土交通省国土地理院公認の5カ所の低い山があり、大阪五低山と言います。山とは平地より高く隆起した地域と『広辞苑』には記されています。国土地理院の地形図で日本一低い山は天保山（人工の築山）です。一等三角点のある山で最も低いのは堺市大浜公園にある蘇鉄山で標高6.85 m です。

　天保山山岳会により「大阪五低山縦走指南書」なるものも発行されています。また、五低山を縦走すると天保山山岳会から「縦走証明書」を発行してもらえます。その五低山とは、

　　　1　御勝山（大阪市生野区：古墳）　標高は14 m
　　　2　茶臼山（大阪市天王寺区）　　　標高は26 m
　　　3　帝塚山（大阪市住吉区：古墳）　標高は20 m
　　　4　聖天山（大阪市阿倍野区）　　　標高は14 m
　　　5　天保山（大阪市港区）　　　　　標高は4.53 m（日本最低峰）

で、古墳以外は頂点に立つことが可能です。古墳は麓から頂上を眺めるしかありません。聖天山の頂上には天下茶屋聖天（図7-24）があります。茶臼山は天王寺公園の続きになり、多くの人が訪れています。天保山は海遊館から遠くないところにあります。

2　大阪港の紋章

『Times』2019年1月号に大阪のなぞとして大阪港を守護する「聖獣」は何？　という橋爪紳也氏の記事がありました。大阪港に紋章があることも知らなかったので引用することにしました。

　次ページ上の図が大阪港の紋章で、下の図に各部分の説明が示されています。制定は1980年、フランスのル・アーブル港との姉妹港提携を調印したときです。中央の盾には金色の大阪港のマーク、ついで7枚のイチョウの緑葉、下段には銀波を進む赤い旗をなびかせた金色の帆船が描かれている。盾の上の冠部には「みおつくしの鐘」を納める市庁舎の塔屋があります。最下部のモットーは大阪港のスローガンである「名声と進歩」をラテン語で記しています。盾を支える動物は「鵺」の変形です。頭は猿、手足は虎、尾は蛇、胴体は獅子となっています。本物の鵺の胴体は狸です。淀川の岸にある都島には「鵺塚」があり、今も保存会があり維持されています。ちなみに東京港の紋章では龍神、神戸港の紋章ではシーホース（海馬）が聖獣です。

出典:「大阪港の紋章」
(大阪市ホームページ) より

大阪港の紋章 (上図) と各部の名称 (下図)

14 女　性

　赤城神社は300社もありますが、赤城山をご神山として祀る赤城山頂にある大沼湖畔小鳥が島の大洞赤城神社は本宮とされています。風光明媚な場所にある神社です。その神社の絵馬の一つが赤城姫を描いています（図14-1）。赤城姫についての伝説があります。高野辺大将家成は、都を追われて上毛野国にやって来ました。家成には二人の大変美しい姫がおりました。名を赤城姫と淵名姫といい、その美しさと気立ての良さは誰もが憧れるほどでした。娘たちの母親が急逝し、家成は側室の柱御前を新しい母親に迎えます。柱御前と家成の間にも二人の姫が生まれます。この二人の容姿、性格は赤城姫、淵名姫たちには到底及びません。柱御前は二人に嫉妬し、憎悪の念をたぎらせ、折あらば二人を亡き者にしたいと考えていました。そんなある日のこと、家成の罪を許し、上毛野国の国司に任ずるという知らせが届き、家成は国司任官のため都へ向かいます。すると柱御前はこの時とばかり、二人の姫を襲い、淵名姫を殺してしまいますが、赤城姫は難を逃れて赤城の山にたどり着きました。この報を聞いた家成は急遽取って返し、柱御前を捕らえ、赤城山に向かいます。大沼の畔に来ると、一羽の鴨が泳いでいます。そして、翼を広げたその前には、赤城姫と淵名姫の姿がありました。二人の姫は赤城の神様になったのです。

図14-1　赤城神社の絵馬は赤城姫を描く

　京都嵯峨野にある野宮神社は竹林に囲まれた閑静な場所にあります。野宮神社の絵馬には女性と車が描かれています（図14-2、図14-3）。車は牛車でしょうか？　女性は斎王でしょうか？　野宮神社は斎王が伊勢に行かれる前に身を清められた場所です。

図14-2　野宮神社の絵馬

図14-3　野宮神社の絵馬

奈良市本子守町に率川神社があります。大神神社は本邦最古の神社で奈良県桜井市にありますが、率川神社はその摂社で奈良市最古の神社と称しています。御祭神は玉櫛媛命「御母神」、媛蹈韛五十鈴姫命「御子神」、狭井大神「御父神」です。媛蹈韛五十鈴姫命は神武天皇の皇后様とのことです。御子神が父神、母神に護られる形で社殿が建てられているので、子守明神とも称されます。境内には大神神社の遥拝所も設けられていました。絵馬は三輪山の麓、狭井川の畔を描いたものかもしれません（図14-4）。

図14-4　率川神社の絵馬

東大寺はこれまで何回も訪れているのですが、いつも参拝者が多く、ゆっくりと拝観したことがありません。今回、奈良市で宿泊したので、早朝に参拝することが出来ました。

東大寺は開門が7時30分で、早朝に訪れると大仏殿の中では二十数名の僧侶が読経しており、20分ぐらい読経の声を聞いていました。読経が終了し、僧侶が退出する様子を見送ることが出来ました。参拝者も少なく、ゆっくりと参拝できるのでした。絵馬の一つは林功画伯の天女を描いたものでした（図14-5）。

図14-5　東大寺の絵馬の一つで天女を描いています

　遠江国には一宮が二つあります。一つは掛川市にあり、JR 掛川駅から 8 km ほどの場所にある事任八幡宮です。願い事のままに叶う神社とされているようです。主祭神は己等乃麻知比売命で言霊の神・興台産命の后神です。言の葉で事を取り結ぶ働きをされる神様です。春日大社や枚岡神社にお祀りされている天児屋根命の母神さまとのことです。

　康平5（1062）年に源頼義が京都より石清水八幡宮を勧請してからは八幡宮を称するようになったとのことです。八幡大神としては息長足比売命（神功皇后のことで第十四代仲哀天皇の皇后さまです）、誉田別命（第十五代応神天皇のことです）、玉依比売命（神武天皇の母神さまです）が祀られています。

　創建年代は不詳とのことですが、大同2（807）年、坂上田村麻呂が東征の際に現在地に遷宮されたと伝えられているそうです。『枕草子』にも「ことのままの明神、いとたのもし。さのみ聞きけんとや言はれたまはんと思うぞ、いとをかしき」と記されています。絵馬には己等乃麻知比売命を描いています（図14-6）。

図14-6　事任八幡宮の絵馬は己等乃麻知比売命を描いています

15　文字と記号

　西国10番札所の三室戸寺には変わった絵馬がありました。表と裏を示しますが、身体の病気の所に丸印を付けて奉納するようになっていました（図15-1）。

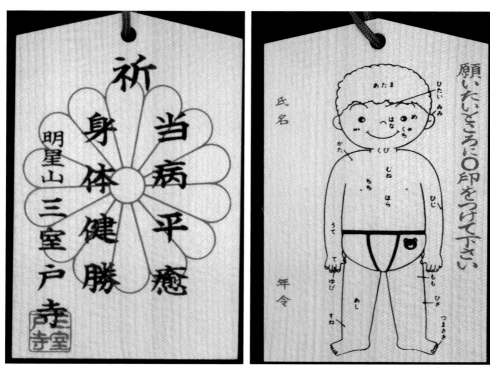

図15-1　三室戸寺の絵馬の表と裏

　松尾芭蕉の生誕の地、伊賀上野にある上野天神宮の絵馬には芭蕉に因んだ絵馬があります（図15-2）。

　上野天神宮は、伊賀鉄道上野市駅から街の中心を歩いて行くと10分もかからないところにあります。馬の字を裏返しに書いた絵馬（図15-3）があり、裏には「上野天神宮」と書かれています（図15-4）。

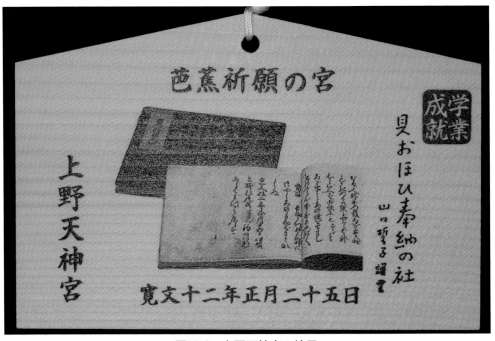

図15-2　上野天神宮の絵馬

図15-3　上野天神宮の絵馬の表には左馬が書かれています

図15-4　上野天神宮の絵馬の裏

　京都市東山区にある高台寺の絵馬の一つに「夢」と書かれたものがありました（図15-5）。

図15-5　高台寺の絵馬の一つ

広島市にある住吉神社の絵馬の一つに「必勝」と書かれたものがありました（図15-6）。

図15-6　広島市の住吉神社の絵馬の一つ

弓弦羽神社の絵馬に八と九を書いて、中央に神社名を書いた絵馬がありました。厄を避くの意味ですが、ときどき見かける絵柄です（図15-7）。前著にも一つ掲載しました。

図15-7　弓弦羽神社の絵馬の一つ

　新橋浅間神社はJR御殿場駅のすぐ近くにある神社です。絵馬には櫻の花を丸で
囲った紋が描かれています（図15-8）。

図15-8　新橋浅間神社。御殿場駅からすぐ近くにあります

　舘山寺には「願」の一字を描いた円形の絵馬があります（図15-9）。

図15-9　舘山寺の絵馬の一つ

南京錠に心の字を描いた絵馬は他にもありますが、舘山寺の絵馬は心の字がピンクで目立ちます（図15-10）。

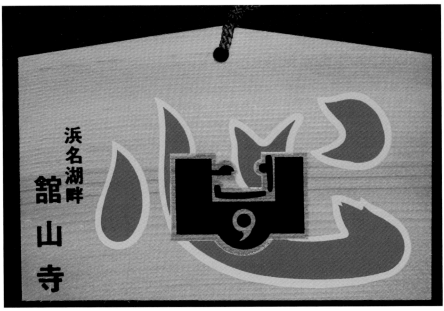

図15-10　舘山寺の絵馬の一つ

　大阪市阿倍野区の安倍晴明神社に晴明紋（五芒星）を描いた絵馬がありました（図15-11）。以前はなかった絵馬です。

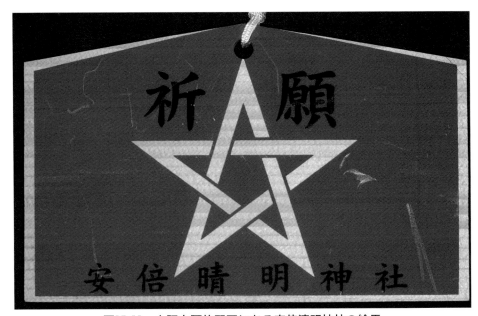

図15-11　大阪市阿倍野区にある安倍清明神社の絵馬

　東京はよく訪れていますが、ようやく明治神宮を訪れることができました。山手線原宿駅で下車し、参道を歩きましたが、外国人の多いのに驚きました。多くの参拝者がいました。絵馬には五三の桐と菊を描いています（図15-12）。

図15-12　明治神宮の絵馬。五三の桐と菊の紋章を描く

　埼玉県日高市にある高麗（こま）神社の絵馬は前著を所沢市に住む知人に贈呈したところ、贈っていただいた絵馬です。高麗神社について調べてみたところ、668年に高句麗が滅亡後、日本に亡命してきた帰化人を朝廷は武蔵国に移住させたということです。高麗若光に703年に朝廷から王姓が下賜されています。高麗神社は高麗王 若光（こまのこきしじゃっこう）（主祭神）、猿田彦命、竹内宿禰命を祀る神社です。創建以来1300年を越える関東有数の古社ということです。2005年10月に在日本大韓民国民団（民団）から花崗岩製の将軍標が寄贈されたといいます。絵馬に描かれているのがそれでしょう（図15-13）。近くには高麗王若光の菩提寺である高麗山聖天院があるそうです。なお、将軍標とは朝鮮半島の村落で、魔除けのために村落の入り口に立てられているものということです。JR高麗川駅からが近いようなので、参拝可能かもしれません。

図15-13　高麗神社の絵馬

　小田原駅にほど近い大稲荷神社の末社に錦織神社があります。テニスの錦織圭選手の活躍で、近年参拝者が多いといいます。神社に宮司の方が不在で、絵馬掛けに吊るされていた絵馬を写真に撮りました（図15-14）。

図15-14　小田原にある錦織神社の絵馬

　前橋東照宮にはぐんまちゃんが群馬県の地図を抱いている絵馬がありました（図15-15）。

図15-15　前橋東照宮の絵馬の一つ

　米子市にある勝田神社の御祭神は天照大神の御子、正哉吾勝勝速日天之忍穂耳命で天文22（1553）年より現地にあるといいます。絵馬には兜を描き、「必勝祈願」と記されています（図15-16）。

図15-16　勝田神社の絵馬

薬師寺は近鉄橿原線西ノ京駅を下車してすぐの場所にあります。薬師寺は飛鳥の地に創建されましたが、平城遷都（710年）により、現在地に移されました。金堂、西塔、大講堂などは再建されたもので、美しいものでした。東塔（国宝、白鳳時代）は解体修理中でした。絵馬には「心」と記されていました（図15-17）。

図15-17　薬師寺の絵馬は心の字を描く

16 祭りと行事

　浅草鷲神社の絵馬には酉の市のにぎわいを描いた絵馬があります（図16-1、図16-2）。どちらも大きな絵馬です。幟には「鷲大明神」と記されています。

図16-1　酉の市のにぎわいを描く浅草鷲神社の絵馬

図16-2　酉の市のにぎわいを描く浅草鷲神社の絵馬

　椿大神社は鈴鹿市にある神社で、少し不便な場所にあります。伊勢一宮で前著にも絵馬をいくつか掲載していますが、無形文化財の獅子舞を描いたものもあります（図16-3）

図16-3　椿大神社の絵馬

　佐渡一宮は度津神社で、佐渡市の南側、小木港から徒歩15分の距離にあります。祭神は五十猛命で、木の神、建築や造船、航海などに御神徳があるとされています。背後の妹背山を神体山としています。絵馬には佐渡郷土芸能を描いています（図16-4）。神社名がなく神社の判を裏面に押して頂きました。

図16-4　佐渡一宮度津神社の絵馬

率川神社は大和一宮である大神神社の摂社で奈良市本子守町にあります。飛鳥時代、推古天皇元（593）年大三輪君白堤が勅命によりおまつりした奈良市最古の神社とされています。御祭神は媛蹈鞴五十鈴姫命で神武天皇の皇后様です。全国の神社の中で皇后様を主祭神とする神社は数えるほどしかないそうです。6月17日には三枝祭が行われます。文武天皇の大宝元（701）年制定の「大宝令」に国家の祭祀として規定され、大神神社で行われる鎮花祭と共に疫病を鎮めることを祈る由緒ある祭りです。一時この祭りは途絶えていましたが、明治14年再び古式の祭儀に復興され、現在に至っているとのことです。酒樽に笹ゆりの花を飾っておまつりするそうです。祭典名は三枝の花（笹ゆりの花）に因んでいます。この祭典は16日の宵宮祭、18日の後宴祭と三日間にわたり執り行われます。前日午前には三輪山の笹ゆりをご本社である大神神社から率川神社へ届ける「笹ゆり奉献行列」が、三枝祭当日の午後には七媛女・稚児行列が奈良の町中を巡るそうです。

　絵馬には三枝祭（図16-5）を描いています。

　境内には大神神社に向かっての遥拝所もありました。

図16-5　率川神社の絵馬は三枝祭を描く

唐招提寺は鑑真和上により天平宝字3（759）年に創建されました。近鉄橿原線の「西ノ京」駅で下車し、徒歩で7、8分のところにあります。

　金堂、講堂は奈良時代8世紀後半に創建されたもので、国宝です。絵馬には5月19日に行われる「うちわまき」の様子が描かれています（図16-8）。

図16-6　唐招提寺の絵馬は「うちわまき」を描く

東京都の浅草神社の絵馬は浅草神社の成り立ちを絵馬の表（図17-1）と裏（図17-2）に示しています。

図17-1　浅草神社の縁起を絵馬に描いたものです

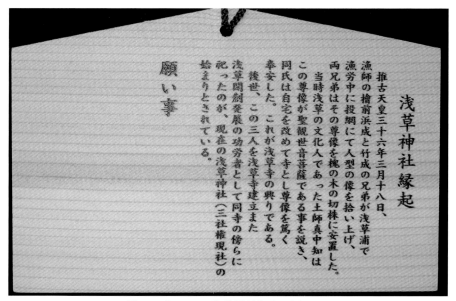

図17-2　絵馬の裏面には浅草神社縁起が書かれています

京都市の新京極の寺町に矢田寺はあります。ここの絵馬は2枚とも地獄を描いたものです（図17-3、図17-4）。非常に珍しい絵柄と言えます。

図17-3　矢田寺の絵馬

図17-4　矢田寺の絵馬

　奈良市中院町（近鉄奈良駅から徒歩12分）にある元興寺（がんごうじ）は世界遺産にも登録されている寺院で、極楽堂、禅室―僧坊、五重塔は国宝です。前身は飛鳥寺（法興寺）で、養老2（718）年平城京に移されたものです。南都七大寺の一つです。絵馬は持ち帰って家で鬼門の場所に吊るすものです。絵馬には「元興神」（ガゴゼ）の字と鬼が描かれ、裏は犬を描いています（図17-5、図17-6）。

図17-5　元興寺の絵馬の表

図17-6　戌年の元興寺の絵馬の裏

興福寺は近鉄奈良駅から東へ7〜8分で右手に見えてきます。平成30年には中金<ruby>堂<rt>どう</rt></ruby>が完成し、その落成式の法要も行われました。今回は南円堂の隣にある一言観音を目的に訪れましたが、一言観音には絵馬はなく、南円堂に興福寺の絵馬がありました。昔は阿修羅が描かれていましたが、今は普通の絵馬で諸願成就（図17-7）と勉学向上と書かれた絵馬でした（図17-8）。

図17-7　興福寺の絵馬

図17-8　興福寺の絵馬

　道明寺天満宮に新しい絵馬が加わりました。ダルマさんの絵馬で、願いが叶えば、
黒目を書いて奉納するようになっています（図17-9）。

図17-9　道明寺天満宮の絵馬の一つ

　大阪市住吉区にある若松宮の絵馬の一つはダルマさんを描いています（図17-10）。

図17-10　若松宮の絵馬の一つはダルマと矢を描く

東京都目黒区の目黒不動尊からほど近くにある目黒大鳥神社の絵馬を示します（図17-11）。

図17-11　目黒大鳥神社の絵馬

　等乃伎神社は大阪府高石市取石にあります。JR阪和線富木駅で降りて徒歩7〜8分のところにあります。境内には多くの楠が植えられています。祭神は天児屋根命です。『古事記』の仁徳天皇記「枯野という船」には大昔にトノキ川の西に非常に高い木があり、朝日に当たればその木の影は淡路島におよび、夕日に当たれば高安山を越えたと書かれています。この木を切り倒して船を作って枯野となづけました。この船は非常に速かったので、朝夕に淡路島の清水をくんで運んできたということです。この船が壊れたので、それで塩を焼き、焼け残った木で琴を作り弾いたら、その音七里に非常によく響いたという伝承があります。その舟と琴を描いた絵馬があります（図17-12）。

　熊本県山鹿市の山鹿大宮神社には、三十六歌仙絵というのがあり御神宝とされています。それを絵馬に描いたものがありました。前著には小野小町の絵馬を掲載しましたが、今回は柿本人麿の絵馬を示します（図17-13）。

図17-12　等乃伎神社の絵馬は船と琴を弾くところを描いています

図17-13　山鹿大宮神社の絵馬の一つ

柿本人麿を祀る神社はあちらこちらにあります。どこの柿本神社の絵馬か記憶にありません。石見の字がありますので、柿本人麻呂終焉の地とされる島根県益田市高津町にある柿本神社のものかと思っています（図17-14）。

図17-14　柿本神社の絵馬

　東照宮は全国各地にあります。徳川家康を祀っています。この本でも仙台東照宮や前橋東照宮の絵馬が掲載されています。東照宮は日光東照宮が一番有名ですが、家康の遺言で最初に造られたのは久能山東照宮です。静岡市にあります。ここは通常日本平からロープウェイで簡単に訪れることが出来るのですが、私が訪れた時には、運悪くロープウェイが休止しているときでした。高さ270mの久能山に麓から階段で登るはめになり大変でした。この石段の道は表参道です。駿河湾が眺められて景色はよいのですが、あまり眺める余裕もなく、登った記憶があります。絵馬は牡丹と唐獅子を描いていました（図17-15）。

　霧島神宮は火山の噴火によりたびたび炎上しています。現在の社殿は島津吉貴により1715年に再建されました。宝物として海老原源左衛門が奉納した9個の面があり、この面に祈願すれば何事にも"工面（九面）"がつくと言われています。「九面守」もあります。霧島神宮の霧島九面を描いた絵馬は職員の一人から頂いたものを掲載しています（図17-16）。霧島神宮は何十年も前に訪れていて、その際に拝受した絵馬がありますので、それをお示し致します。多分今はないと思います。図17-17に示

図17-15　久能山東照宮の絵馬

図17-16　霧島神宮の絵馬。霧島九面を描く？

す絵馬は天の逆鉾を描いています。訪れた当時は、山上に逆鉾の刺さっている場所も
あったのですが、今はどうなっていることか。図17-18に示す絵馬には「魔除九面」
と書かれて、天狗の面が描かれています。色々と変化するものです。古い絵馬は形も
凝ったもので、神社の屋根を模したものでした。

図17-17　霧島神宮の古い絵馬で天逆鉾を描く

図17-18　霧島神宮の古い絵馬で魔除九面を描く

弓削治大阪市大名誉教授（2017年逝去）に前著を贈呈した時に、弓削神社の絵馬が掲載されていないと苦情を受けました。弓削神社を訪れました。

弓削道鏡は大阪府八尾市に生まれたとされていて、JR 大和路線志紀駅の近くに弓削神社があります。駅近くに弓削神社はありますが、絵馬を拝受することは出来なかったのです。宮司さんは不在で、絵馬掛けもありません。弓削神社は熊本市と久留米市にもあります。道鏡は失脚後下野国（栃木県）に流されて死亡したという説が一般的ですが、失脚後熊本の地を訪れて、藤子姫と暮らしたという説があります。熊本駅からタクシーで弓削神社を目指しました。かなり駅からは遠いところでした。小さな神社があり、それが弓削神社でした。弓削神社は大阪の志紀駅近くも、長瀬川を挟んで2カ所にあり、熊本も白川を挟んで2カ所にあるはずなのですが、タクシーの運転手さんは判らないようでした。調べてみると、弓削神社と弓削神宮があるようです。寂れた神社で宮司さんは不在でした、仕方なく、参拝し、お賽銭を賽銭箱に入れてから、絵馬掛けの絵馬を写真に撮りました（図17-19）。神社名は記載されていないものでした。

図17-19　熊本弓削神社の絵馬

弓削神社の本殿には朱塗りの男根が奉納されているのには驚きました（図17-20）。

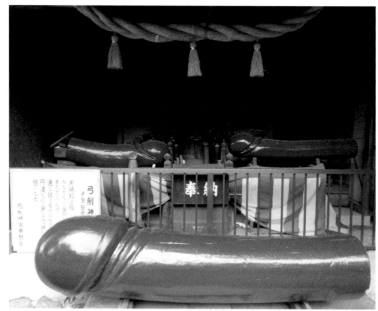
図17-20　弓削神社に奉納されていた朱塗りの男根

　前橋東照宮には自動車の形を模した絵馬がありました。もちろん交通安全祈願の絵馬です。これは前著に掲載した一畑薬師の絵馬の交通安全祈願の絵馬と全く同じ形で、異なるのは前橋東照宮という神社名が記載されていることだけです。一畑薬師の絵馬には名前の記入がなかったのです（図17-21）。

図17-21　前橋東照宮の絵馬の一つ

　毎年１月に高校ラグビーの全国大会が行われる花園ラグビー場のすぐ傍にあるのが吉田春日神社で、別名ラグビー神社とも呼ばれています。絵馬にはラグビーのボールが描かれています（図17-22）。

図17-22　吉田春日神社の絵馬はラグビー・ボールとポールを描く

　漢國神社は奈良市漢國町に鎮座します。祭神は園神大物主命、韓神として大己貴命、少彦名命です。本殿は桃山時代の建立で、奈良県の指定文化財です。摂末社に「林神社」があり、林浄因命を御祭神として祀っています。我が国唯一の「饅頭の社」です。林浄因命は貞和５（1349）年に来朝され、漢国神社社頭に住まい、我が国で最初に饅頭を作り好評を博しました。その後、足利将軍家を経て、ついには宮中に献上するに至り、今日菓子業界の信仰を集めているとのことです。絵馬は宝船を描いたものでした（図17-23）。

　阪急電車箕面駅から徒歩５分ぐらいのところに箕面聖天宮西江寺はあります。斉明天皇４（658）年に仏教の修行地として役行者、小角により開かれたとされています。箕面滝で修行中に大聖歓喜天（聖天さん）が出現したと伝えられています。本堂（聖天堂）には役行者作と伝えられている大聖歓喜天（秘仏）があります。他に大黒堂、弁天堂などがあります。訪れる人は稀でした。境内に植えられている「シャガ」を分けて頂きました。絵馬は「白絵馬」で寺院名の焼き印が押されたものでした（図

17-24)。聖天さんでは歓喜天を描く事はないようです。

図17-23　漢國神社の絵馬

図17-24　西江寺の絵馬は絵のない「白絵馬」でした

大山は標高1700mぐらいの山で、その中腹に大山寺があります。タクシーですぐ近くまで行き、坂道と石段を上って御朱印を戴き、本堂に参拝しました。本尊は地蔵菩薩です。残念ながら絵馬はありません。大山寺への登り口のところから別の道は大神山神社への参道になっています。大神山とは大山の古い呼び名だそうです。奥宮は標高1000mの場所にあります。奥宮への参道は700mあり、石畳の上り坂になっているので、私の脚では大変でした。小さい子供にも追い越されて、息を切らしながら、休み休み本堂に到着しました。主祭神は大己貴命（大国主命）です。御朱印を戴き、絵馬を拝受しました。絵馬には大山とカラス天狗が描かれています（図17-25）。

　境港市JR境港駅の前から水木しげるロードがあり、その中に妖怪神社があります。神社の隣のお店で絵馬を置いていました。さすがに御朱印はないようでしたが、絵馬はあり、一反木綿の絵馬や目玉おやじの絵馬は「2　絵馬の形」の項に示しましたが、ここではゲゲゲの鬼太郎、子泣きじじい、砂掛けばばあ、ネズミ男を一緒に描いた絵馬を示すことにします（図17-26）。

図17-25　大神山神社の絵馬

図17-26　境港市にある妖怪神社の絵馬の一つ

　皆生温泉にある皆生温泉神社の御祭神は大国主命で、絵馬はバスセンター（観光案内所）にありました。これまでの他の温泉神社の絵馬とは違って楽しい絵柄でした（図17-27、図17-28）。

図17-27　皆生温泉神社の絵馬

図17-28　皆生温泉神社の絵馬

　皆生温泉神社には温泉に入っている絵馬もありました。「長寿招福」と書かれています（図17-29）。

図17-29　皆生温泉神社の絵馬

愛知県犬山市にある針綱神社の御祭神に伊邪那岐命が祀られているからでしょう
か、「神桃絵馬」と書かれ、桃を描いた絵馬がありました（図17-30）。

図17-30　犬山市にある針綱神社の神桃絵馬

　遠江国一宮の一つは静岡県森町にある小国神社です。天竜浜名湖鉄道「遠江一宮
駅」下車徒歩40分の場所にあります。JR掛川駅からタクシーで40分ぐらいでした。
参拝者はかなり多く、皆さん自動車でお見えのようでした。御祭神は大己貴命で
す。創祀は神代と伝えられています。江戸時代には徳川家康公により社殿の造営が行
われています。境内も広く、立派な神社でした。絵馬には打ち出の小槌が描かれてい
ます（図17-31）。

図17-31　小国神社の絵馬

お わ り に

『社寺を参拝して絵馬コレクション』を出版したのが2014年11月ですから、早いものですでに５年が過ぎました。前回積み残した絵馬に加えて新たに集めたものを『続 社寺を参拝して絵馬コレクション』として出版することになりました。参考文献は前回とおなじなので省略しました。

　形の変わった絵馬では新たに幾つかのものが見付かり掲載いたしました。四角形、五角形、七角形、八角形の絵馬はありますが、三角形の絵馬と六角形の絵馬はまだ見付かりません。現在は猫のブームですが、猫を象った絵馬もまだ見付かりません。そのうちに現れるかもしれません。

　命の続く限り絵馬の蒐集を続けるつもりなので、「続々　社寺を参拝して絵馬コレクション」を出版出来るかもしれません。

　バカバカしい趣味ですが、ご笑覧いただければ幸甚です。

　最後に、本書の刊行に当たって多大なる尽力をいただいた㈱ブレイン、東京図書出版編集部の皆様に深謝いたします。

　令和２（2020）年２月吉日

索引

東　禹彦（ひがし　のぶひこ）

昭和30年３月　大阪府立八尾高校卒業
昭和37年３月　大阪市立大学医学部卒業
昭和38年４月　大阪市立大学医学部皮膚科
昭和47年１月　関西医科大学皮膚科助教授
昭和54年９月　堺市立堺病院皮膚科部長
平成８年10月　市立堺病院副院長兼皮膚科部長
平成14年４月　東皮膚科医院（堺市堺区永代町1-1-6）院長

皮膚科関係の著書は多数
『社寺を参拝して、絵馬コレクション』（東京図書出版）

続　社寺を参拝して、絵馬コレクション

2020年３月16日　初版第１刷発行

著　　者　東　禹彦
発 行 者　中 田 典 昭
発 行 所　東京図書出版
発行発売　株式会社 リフレ出版
　　　　　〒113-0021　東京都文京区本駒込 3-10-4
　　　　　電話 (03)3823-9171　FAX 0120-41-8080
印　　刷　株式会社 ブレイン

© Nobuhiko Higashi
ISBN978-4-86641-306-8 C0095
Printed in Japan 2020